VOCABULARIO VEGANO

Español-Inglés

Recopilación de más de 1.000 términos veganos. Se ofrece un listado exhaustivo de ingredientes que van desde las verduras, hortalizas, frutas, setas, hierbas, tubérculos, flores o especias, así como sus productos derivados.

Al tratarse de un glosario estrictamente vegano, no se incluyen los productos derivados de la leche, los huevos o la miel

Además, se incluye una gran variedad de términos generales relacionados con el veganismo.

VEGAN VOCABULARY

English-Spanish

Compilation of more than 1,000 vegan terms. It offers a complete list of ingredients ranging from vegetables, fruits, mushrooms, herbs, tubers, pulses, flowers or spices, as well as their derived products.

Due to the fact that it is a strictly vegan glossary, products derived from milk, eggs or honey are not included.

Additionally, a number of miscellaneous vocabulary related to veganism is included.

VOCABULARIO VEGANO (Español-Inglés) / VEGAN VOCABULARY (English-Spanish)

PARTE I: ESPAÑOL-INGLÉS

A

Açaí (baya de acai): Açaí (açaí berry)

Acedera: Sorrel

Aceite: Oil

Aceite aromatizado: Flavoured oil

Aceite balsámico: Balsamic oil

Aceite de ajos: Garlic oil

Aceite de albahaca: Basil oil

Aceite de azafrán: Saffron oil

Aceite de cacahuete (aceite de maní): Peanut oil

Aceite de cártamo: Safflower oil

Aceite de coco: Coconut oil

Aceite de colza: Rapeseed oil (colza oil)

Aceite de especias (aceite especiado): Spiced oil

Aceite de germen de trigo: Wheat germ oil

Aceite de girasol: Sunflower oil

Aceite de hierbas: Herb oil

Aceite de lino: Flaxseed oil

Aceite de oliva: Olive oil

Aceite de oliva extra virgen: Extra virgin olive oil

Aceite de oliva virgen: Virgin olive oil

Aceite de palma: Palm oil

Aceite de semillas de uva: Grape seed oil

Aceite de sésamo: Sesame oil

Aceite vegetal: Vegetable oil

Aceitunas (olivas): Olives

Aceitunas con hueso: Unpitted olives

Aceitunas deshuesadas (aceitunas sin hueso): Pitted olives

Aceitunas negras: Black olives

Aceitunas partidas: Crushed olives

Aceitunas verdes: Green olives

Acelga: Swiss chard (chard, silver beet)

Acelga china (bok choi, pak choi, col china): Chinese chard (bok choi, pak choi)

Acelga roja: Red Swiss chard

Acelgas de colores: Rainbow chard

Acerola (manzanita, semeruco): Acerola (Barbados cherry, West Indian cherry)

Aceto balsámico (vinagre balsámico): Aceto balsamico (balsamic vinegar)

Achicoria (chicoria): Chicory

Achicoria roja (radicchio): Red chicory (radicchio)

Achiote (bija, axiote): Annatto (achiote)

Ácidos grasos Omega-3: Omega-3 fatty acids

Aderezo Old Bay: Old Bay seasoning

Aderezo para ensaladas: Salad dressing

Aditivo alimentario: Food additive

Adobo: Marinade (seasoning)

Adormidera (amapola): Poppy

Agar-agar (gelatina vegetal): Agar-agar (vegetable gelatin)

Agave: Agave

Agente leudante (leudante): Leavening agent (leavener)

Agricultura vegánica: Veganic farming (vegan organic farming)

Agua: Water

Agua de coco: Coconut water

Agua filtrada: Filtered water

Aguacate (palta): Avocado

Aguardiente: Spirit (grain alcohol, eau-de-vie, firewater)

Ajedrea: Savory (summer savory)

Ajete: Green garlic (wild leek)

Ají (pimiento muy picante): Chili

Ají molido: Ground chili

Ajipuerro (puerro silvestre): Wild leek

Ajo: Garlic

Ajo en polvo: Garlic powder

Ajo molido: Ground garlic

Ajo negro: Black garlic

Ajo silvestre: Wild garlic

Ajonjolí (sésamo): Sesame

Ajos tiernos (ajetes): Young garlic (green garlic, garlic shoots)

Alazor (cártamo): Bastard saffron (safflower)

Albahaca: Basil

Albaricoque (albarillo): Apricot

Albúmina: Albumin

Albúmina vegetal: Plant-derived albumin

Alcachofa (alcaucil): Artichoke

Alcachofa de Jerusalén (tupinambo, pataca): Jerusalem artichoke (topinambour)

Alcaparra: Caper

Alcaravea (comino de prado): Caraway (Persian cumin)

Alfalfa: Alfalfa

Alga (alga marina): Seaweed

Alga chlorella: Chlorella seaweed

Alga comestible: Edible seaweed

Alga kombu: Kombu seaweed

Alga nori: Nori seaweed

Algarroba: Carob (locust bean)

Alimentación vegana: Vegan diet

Alimentación vegetariana: Vegetarian diet

Alimento: Food (foodstuff)

Alimento ecológico: Organic food

Alimentos de kilómetro cero: Zero km food

Alimentos probióticos: Probiotic foods

Alimentos ricos en Omega-3: Omega-3 rich foods

Alimentos vegetales: Plant-based foods

Aliño: Dressing (seasoning)

Aliño japonés de ciruela ume: Ume dressing (umeboshi)

Alioli (mayonesa de ajos, ajiaceite): Alioli (aioli, garlic mayonnaise)

Almendra: Almond

Almendruco: Green almond

Almíbar (jarabe): Syrup

Almidón (fécula): Starch

Aloe vera (sábila): Aloe vera

Alternativas a lácteos: Dairy alternatives

Alternativas vegetales: Plant-based alternatives

Altramuz (chocho, lupino): White lupin (field lupine)

Alubia (judía blanca, judía seca, pocha): White bean (haricot bean)

Alubia negra: Black bean

Alubia roja (judía pinta): Red bean (red kidney bean)

Amanita de los césares (huevo de rey, oronja): Amanita caesarea (Caesar's mushroom)

Amapola: Poppy

Aminoácido: Amino acid

Aminoácidos líquidos: Liquid aminos (liquid amino acids)

Anacardo (castaña de cajú, marañón, nuez de la India): Cashew (cashew nut)

Ananás (piña): Pineapple

Angélica: Angelica (angelic)

Anís (matalahúga): Anise (aniseed)

Anís estrellado: Star anise

Anís estrellado de la China (badián, badiana): Chinese anise

AOVE (aceite de oliva virgen extra): EVOO (extra virgin olive oil)

Apio: Celery

Apio-nabo (apionabo, raíz de apio): Celeriac (celery root)

Apio de monte (levístico): Lovage

Apivegetarianismo: Api-vegetarianism

Apivegetariano/a: Api-vegetarian (beegan, honeytarian)

Apto vegano (apto para veganos, APV): Vegan friendly (veg-friendly, VF)

Aquafaba (acuafaba, líquido de cocer las legumbres): Aquafaba (water in which legume seeds have been cooked)

Arándano (arándano rojo, arándano encarnado): Cranberry

Arándano negro (mirtilo): Bilberry (blueberry)

Arce: Maple

Aromatizante (agente aromatizante): Flavouring (flavouring agent)

Arroz: Rice

Arroz basmati: Basmati rice

Arroz integral (arroz moreno): Wholegrain rice (brown rice)

Arroz para sushi: Sushi rice

Arroz salvaje: Wild rice

Arrurruz (arrowroot): Arrowroot

Artemisa: Mugwort

Arvejas (guisantes): Peas (green peas)

Avellana: Hazelnut (filbert)

Avena: Oats

Avena integral: Whole grain oats

Ayote (calabaza): Pumpkin

Azahar (flor de azahar): Orange blossom

Azúcar: Sugar

Azúcar de coco: Coconut sugar

Azúcar de remolacha: Beet sugar

Azúcar glas (azúcar flor, azúcar lustre): Icing sugar (powdered sugar)

Azúcar mascabado (azúcar moscovado): Muscovado sugar

Azúcar moreno: Brown sugar

Azúcar sin refinar: Unrefined sugar

B

Badián (badiana, anís estrellado de la China): Chinese anise

Bambú: Bamboo

Banana: Banana

Barrita de cereales: Cereal bar

Barrita de proteínas (barrita proteica): Protein bar

Batata (boniato): Sweet potato

Batido: Milkshake (shake, smoothie)

Batido vegano: Vegan smoothie

Baya: Berry

Bayas de goji: Goji berries (wolfberries)

Bayas del saúco: Elderberries

Bayas rosas (pimienta rosa): Pink berries (pink pepper)

Bebida vegetal: Plant-based drink (vegetable milk)

Bebidas energéticas: Energy drinks

Berenjena: Aubergine (eggplant)

Bergamota: Bergamot

Berro: Watercress (cress)

Berza (col): Collard greens (cabbage)

Besan (harina de garbanzo): Besan (chickpea flour, gram flour)

Betabel (remolacha): Red beet (beetroot)

Bicarbonato (bicarbonato de soda): Baking soda (bicarbonate of soda)

Bitartrato de potasio (cremor tártaro): Potassium bitartrate (cream of tartar)

Bocadillo: Sandwich

Bocadillo vegano: Sandwich

Bok choy (pak choi, col china): Bok choi (pak choi, Chinese cabbage)

Bol de Buda (Buddha bowl): Buddha bowl

Boniato (batata, moniato): Sweet potato

Borraja: Borage

Bouillon (caldo): Bouillon (broth, stock)

Brécol (brócoli): Broccoli

Breva: Early fig

Brócoli (brécol, bróculi): Broccoli

Brote (retoño): Sprout (shoot, bud)

Brotes de alfalfa: Alfalfa sprouts

Brotes de soja: Bean sprouts (soybean sprouts)

Budha bowl (bol de Buda): Buddha bowl

Bulbo: Bulb

Bulbo de hinojo: Fennel bulb

Bulgur (burghul): Bulgur (burghul)

C

Cacahuete (maní): Peanut

Cacao: Cocoa

Café: Coffee

Café exprés (café espresso): Espresso

Cajún (condimento): Cajun (seasoning)

Calabacín (zapallito): Courgette (zucchini)

Calabaza (zapallo): Pumpkin (squash, gourd)

Calcio: Calcium

Calçot (cebolla tierna): Calçot (spring onion, green onion, scallion)

Caldo: Broth (stock, bouillon)

Caldo de verduras: Vegetable broth (vegetable stock)

Caléndula: Marigold

Callos veganos (setas con garbanzos): Vegan tripe (mushrooms with chickpeas)

Camomila (manzanilla): Camomile (chamomile)

Canela: Cinnamon

Canela en polvo: Cinnamon powder

Canela en rama: Cinnamon sticks

Canelones vegetarianos: Vegetarian cannelloni

Cánnabis (cannabis): Cannabis

Canónigos (hierba de los canónigos, milamores): Corn salad (lamb's lettuce, mâche)

Cáñamo: Hemp

Capuchina: Nasturtium

Caqui (palosanto): Kaki (persimmon)

Carambola (fruta de estrella): Carambola (star fruit)

Carbohidrato (hidrato de carbono): Carbohydrate

Carbonato de calcio: Calcium carbonate

Cardamomo: Cardamom

Cardo: Cardoon (thistle)

Carne: Meat

Carne de membrillo (dulce de membrillo): Quince preserve (quince jelly)

Carne de soja: Soy meat

Carne picada vegetal: Vegetarian mince

Carne vegetal: Vegetarian meat (plant-based meat)

Cártamo (alazor): Safflower

Casaba (melón verde): Casaba melon (honeydew melon)

Castaña: Chestnut

Castañas de cajú (anacardos): Cashews(cashew nuts)

Cayena: Cayenne pepper

Cebada: Barley

Cebolla: Onion

Cebolla morada: Red onion

Cebolleta: Spring onion (scallion, green onion)

Cebollitas perla: Pearl onions

Cedrón (hierba luisa, verbena de Indias): Lemon verbena

Centeno: Rye

Cereales: Cereals (grains)

Cereales integrales: Whole grains (wholemeal cereals)

Cereales para desayuno: Breakfast cereals

Cereza: Cherry

Cerveza: Beer

Cerveza artesana (cerveza artesanal): Artisan beer (craft beer)

Cerveza vegana (cerveza apta para veganos): Vegan beer

Chalota (escalonia, echalote, carlota, escaloña): Shallot

Champiñón: Champignon mushroom

Champiñón Portobello: Portobello mushroom

Chegan (queso vegano): Chegan (vegan cheese)

Chía: Chia

Chile (chili, ají): Chili pepper (chilli, chile)

Chile en polvo: Chili powder

Chipotle (chile ahumado): Chipotle (smoked chili)

Chips de chocolate (pepitas de chocolate): Chocolate chips

Chirivía (pastinaca, apio de campo): Parsnip

Chocolate: Chocolate

Chocolate vegano: Vegan chocolate

Chucruta (col fermentada, choucroute): Sauerkraut (pickled cabbage)

Chufa: Tigernut

Cilantro (coriandro): Cilantro (coriander)

Ciruela: Plum

Ciruela amarilla: Yellow plum

Ciruela pasa: Prune (dried plum)

Ciruela roja: Red plum

Cítricos (frutos agrios): Citrus fruits

Citronela (hierba limón, limoncillo): Citronella (lemon grass)

Clavo de especia (clavo de olor, clavillo): Clove

Clavo molido: Ground cloves

Clementina: Clementine (mandarin orange)

Climariano/a: Climatarian

Clorela (alga chlorella): Chlorella seaweed

Cobre: Copper

Coco: Coconut

Coco deshidratado: Dehydrated coconut

Coco laminado: Sliced coconut

Cóctel de frutas: Fruit cocktail

Cogollo: Lettuce heart

Col (berza): Cabbage (kale, kail)

Col china (repollo chino): Chinese cabbage

Col fermentada (chucruta, choucroute): Sauerkraut

Col lombarda (col morada, repollo morado): Red cabbage (red kraut, purple cabbage)

Col rizada (col crespa, col verde, kale): Curly cabbage (kale, leaf cabbage)

Col roja (col morada, lombarda): Red cabbage

Col verde: Kale

Cola de caballo (equiseto): Horsetail

Coles de Bruselas: Brussels sprouts

Coliflor: Cauliflower

Coliflor blanca: White cauliflower

Coliflor morada: Purple cauliflower

Colinabo (colirrábano, nabicol): Kohlrabi (turnip-cabbage)

Colmenilla (múrgula, morilla, cagarria): Morel (morel mushroom)

Colza: Colza (rape, rapeseed)

Comida: Food

Comida sana: Healthy food

Comida vegana: Food

Comino: Cumin (caraway)

Condimentos veganos: Vegan condiments

Confitura (mermelada): Jam (marmalade)

Corazones de cáñamo (semillas de cáñamo): Hemp hearts (hemp seeds)

Coriandro (cilantro): Coriander (cilantro)

Courgetti (espaguetis de calabacín): Courgetti (courgette spaghetti)

Crema de coco: Coconut cream

Crema de cacahuete (mantequilla de maní): Peanut butter

Cremor tártaro (bitartrato de potasio): Cream of tartar (potassium bitartrate)

Crep vegana: Vegan crepe

Crudismo (alimentación crudista): Raw foodism (raw food diet)

Crudités (crudezas, hortalizas crudas): Crudités (uncooked vegetables)

Crudiveganismo: Raw veganism

Crudivegano/a: Raw vegan

Crudivorismo: Crudivorism (raw foodism)

Cúrcuma: Turmeric

Curry (mezcla de especias): Curry (spice blend)

Cuscús (cuzcuz, alcuzcuz): Couscous

D

Dátil: Date

De origen vegetal: Plant-based

Diente de ajo: Clove of garlic

Diente de león: Dandelion

Dieta (régimen): Diet

Dieta crudivegana: Raw vegan diet

Dieta depurativa: Cleansing diet

Dieta macrobiótica: Macrobiotic diet

Dieta vegana (dieta vegetariana estricta): Vegan diet

Dietista vegano/a: Vegan dietitian

Dulce de membrillo (membrillate, codoñate, carne de membrillo):
Quince cheese (quince paste, quince jelly)

Durazno (melocotón): Peach

E

Edamame (vainas tiernas de soja): Edamame (immature, unopened green soybeans)

Edulcorante (endulzante): Sweetener

Edulcorante natural: Natural sweetener

Elote (mazorca tierna de maíz): Cob (corn cob, corn on the cob)

Encurtidos: Pickles

Endibia (endivia): Belgian endive (witloof chicory)

Endrina: Sloe

Endulzante: Sweetener

Endulzante natural: Natural sweetener

Enebro: Juniper

Eneldo: Dill

Enero vegano: Veganuary

Ensalada: Salad

Ensalada de aguacate: Avocado salad

Ensalada de alcachofas: Artichoke salad

Ensalada de apio: Celery salad

Ensalada de arroz: Rice salad

Ensalada de crudités: Crudités salad

Ensalada de cuscús: Couscous salad

Ensalada de escarola: Escarole salad

Ensalada de espárragos: Asparagus salad

Ensalada de frutas (macedonia de frutas): Fruit salad

Ensalada de garbanzos: Chickpea salad

Ensalada de habas: Broad bean salad

Ensalada de hierbas: Herb salad

Ensalada de hojas: Leaf salad

Ensalada de legumbres: Pulse salad

Ensalada de lentejas: Lentil salad

Ensalada de pasta: Pasta salad

Ensalada de patatas: Potato salad

Ensalada de quinoa: Quinoa salad

Ensalada de rúcula: Arugula salad

Ensalada de setas: Mushroom salad

Ensalada de soja: Soya salad

Ensalada de tomate: Tomato salad

Ensalada de verduras: Vegetable salad

Ensalada de zanahoria: Carrot salad

Ensalada depurativa (ensalada detox): Detox salad

Ensalada mézclum: Mesclun salad

Ensalada vegana: Vegan salad

Ensalada verde: Green salad

Ensaladilla: Diced vegetable salad

Equiseto (cola de caballo): Horsetail

Eritritol (endulzante): Erythritol (sweetener)

Escalivada (berenjenas y pimientos rojos asados): Escalivada (grilled aubergines and red peppers)

Escalonia (escaloña, chalota): Shallot

Escalope vegano: Vegan escalope

Escaramujo (rosa mosqueta, tapaculos): Wild rose (rose hip)

Escarola: Escarole (frisée, curly endive)

Escorzonera (salsifí negro): Black salsify

Esencia de vainilla: Vanilla essence

Espaguetis: Spaghetti

Espaguetis de calabacín: Courgette spaghetti (courgetti, zoodles)

Espaguetis vegetales: Vegetable spaghetti (veggie noodles)

Espárrago: Asparagus

Espárragos blancos: White asparagus

Espárragos trigueros (espárragos silvestres): Wild asparagus

Espárragos verdes: Green asparagus

Especia: Spice

Especias herbales: Herbal spices

Especias veganas: Vegan spices

Espelta: Spelt

Espinacas: Spinach

Espirulina (suplemento dietético): Spirulina (dietary supplement)

Espliego (lavanda): Lavender

Estevia (edulcorante): Stevia (sweetener)

Estilo de vida vegano: Vegan lifestyle

Estragón: Tarragon

Eucalipto: Eucalyptus

Expreso (café expreso): Espresso

Extracto (esencia): Extract (essence)

Extracto de vainilla: Vanilla extract

F

Falafel (croqueta de garbanzos o habas): Falafel (chickpea or fava bean croquette)

Falsa carne (carne vegetal): Fake meat

Farináceos: Starches (farinaceous products)

Farofa (harina de mandioca sin refinar): Farofa (toasted manioc flour)

Fécula (almidón): Starch

Fécula de patata: Potato starch

Fécula de tapioca (fécula de mandioca): Tapioca starch

Fenogreco (alholva): Fenugreek

Fermento (levadura): Ferment (leaven)

Fibra: Fibre (fiber)

Fibra vegetal: Vegetable fibre

Ficoide glacial (hierba helada, hierba escarchada): Ice plant (ice lettuce, sea fig, ficoïde glaciale)

Fideos: Noodles

Fideos de calabacín: Zucchini noodles (zoodles)

Fideos de konjac: Konjac noodles

Fideos de vegetales: Veggie noodles

Finas hierbas: Fine herbs

Fitonutrientes: Phytonutrients

Fitoplancton: Phytoplankton

Flexitarianismo: Flexitarianism

Flexitariano/a: Flexitarian

Flor: Flower

Flor de azahar: Orange blossom

Flor de hibisco: Hibiscus flower

Flor de sal: Fleur de sel (flaky salt, caviar of salt)

Flor de saúco: Elderflower

Flores comestibles: Edible flowers

Flores de calabacín: Zucchini flowers (squash blossoms)

Flores secas: Dried flowers

Flores silvestres: Wild flowers

Florete (cogollo): Floret

Floretes de brócoli: Broccoli florets

Floretes de coliflor: Cauliflower florets

Frambuesa: Raspberry

Fresa (fresón): Strawberry

Fresita: Baby strawberry

Fresitas del bosque: Baby wild strawberries

Friganismo: Freeganism

Frigano/a (freegan): Freegan

Frijol (poroto, habichuela): Bean

Frijol negro: Black bean

Frugivorismo (frutarianismo): Fruitarianism

Frugívoro/a (que se alimenta de frutos): Frugivore (fruit eater)

Fruta: Fruit

Fruta de estrella (carambola): Star fruit (carambola)

Fruta de la pasión (maracuyá, parchita): Passion fruit

Fruta del dragón (pitaya): Dragon fruit (pitaya)

Fruta del monje (edulcorante natural): Monk fruit (natural sweetener)

Fruta del tiempo: Seasonal fruit

Fruta fresca: Fresh fruit

Fruta madura: Ripe fruit

Fruta seca: Dried fruit

Frutarianismo (frugivorismo): Fruitarianism

Frutariano/a: Fruitarian

Frutas de hueso (frutas de carozo): Stone fruits

Frutas dulces: Sweet fruits

Frutas tropicales: Tropical fruits

Frutilla (fresa): Strawberry

Frutívoro/a: Frugivorous (fruit-eating)

Frutos agrios (cítricos): Citrus fruits

Frutos carnosos: Fleshy fruits

Frutos del bosque: Wild fruits

Frutos rojos: Red fruits

Frutos secos: Dried fruits (nuts)

Fuentes de proteínas veganas: Vegan protein sources

G

Galletas veganas: Vegan biscuits (vegan cookies)

Garam masala (mezcla de especias): Garam masala (spice mixture)

Garbanzo: Chickpea

Gazpacho: Gazpacho (cold vegetable soup)

Gelatina de frutas: Fruit jelly

Gelatina vegana: Vegan gelatin (vegan jelly)

Genciana: Gentian

Geranio: Geranium

Germen de trigo: Wheat germ

Germinados (brotes): Sprouts

Girasol: Sunflower

Glicerina: Glycerine (glycerol)

Gluten: Gluten

Gluten de trigo: Wheat gluten

Goma xantana: Xanthan gum

Granada: Pomegranate

Grano (semilla): Grain (seed)

Grano de arroz: Grain of rice

Granos de sésamo: Sesame seeds

Grasa: Fat (cooking fat)

Grasa vegetal: Vegetable fat

Grasas saludables: Healthy fats

Grelos: Turnip greens

Grosella: Currant

Grosella espinosa (grosella silvestre, uva espina): Gooseberry

Grosella negra: Blackcurrant

Grosella roja: Redcurrant

Guacamole (puré de aguacate): Guacamole (avocado paste)

Guayaba: Guava

Guinda: Sour cherry (morello cherry)

Guindilla: Chili (hot pepper)

Guindilla en polvo: Chili powder

Guisante (arveja, chícharo): Pea (green pea)

Guisantes mollares (tirabeques): Sugar peas (snow peas, mangetout)

Guisantes verdes: Green peas

Gurumelo (amanita ponderosa): Gurumelo (brown mushroom, amanita ponderosa)

H

Haba: Broad bean (fava bean)

Habas de cacao (granos de cacao): Cocoa beans

Habas edamame (vainas tiernas de soja): Edamame beans (green soybeans)

Habichuela: Bean (green bean, string bean)

Habichuelas rojas (frijoles rojos): Red kidney beans

Habitas: Baby broad beans

Hamburguesa de algas: Seaweed burger (weedburger)

Hamburguesa de champiñones portobello: Portobello mushroom burger

Hamburguesa de seitán: Seitan hamburger

Hamburguesa vegana: Vegan burger

Hamburguesa vegetal (hamburguesa vegetariana): Veggie burger (vegeburger)

Harina: Flour (meal)

Harina de almendra: Almond flour (almond meal)

Harina de anacardos (harina de castañas de cajú): Cashew flour

Harina de espelta: Spelt flour

Harina de garbanzo (besan): Chickpea flour (gram flour, besan)

Harina de linaza: Flaxseed flour (flaxmeal)

Harina de maíz: Cornflour (cornmeal)

Harina de sésamo: Sesame flour

Harina de trigo: Wheat flour

Harina integral: Wholemeal flour

Harina leudante: Leavening flour (self-rising flour)

Harina sin gluten: Gluten-free flour

Hebra de azafrán: Saffron thread

Helado vegano: Vegan ice cream

Helecho: Fern

Helechos comestibles: Edible ferns (fiddlehead ferns)

Herbario (colección de hierbas): Herbarium

Herbario/a (hecho de hierbas): Herbal

Herbívoro/a: Herbivorous (herbivore)

Herbodietética: Wholefood shop (wholefood store)

Herbolario/a: Herbalist

Herboristería: Herbalist's (herbalist's shop)

Heura: Heura

Hibisco: Hibiscus

Hidrato de carbono (carbohidrato): Carbohydrate

Hiedra (yedra): Ivy

Hierba: Herb

Hierba de los canónigos (milamores): Corn salad (lamb's lettuce, mâche)

Hierba limón (limoncillo, citronela, lemon grass): Lemon grass

Hierba luisa (cedrón, verbena de Indias): Lemon verbena

Hierbabuena (yerbabuena, sándalo, menta): Spearmint (mint)

Hierbas aromáticas: Aromatic herbs

Hierbas italianas: Italian herbs

Hierro: Iron

Higo: Fig

Higo chumbo (tuna, nopal): Prickly pear

Hinojo: Fennel

Hinojo silvestre: Wild fennel

Hoja/s: Leaf (leaves)

Hoja de laurel: Bay leaf

Hoja de roble: Oak leaf (oakleaf lettuce)

Hojas de acelga: Chard leaves

Hojas de albahaca: Basil leaves

Hojas de menta: Mint leaves

Hojas de orégano: Oregano leaves

Hollejo: Skin (peel, rind)

Hongo (boletus edulis, cep): Cèpe mushroom (porcini, penny bun, boletus edulis)

Hongo (seta): Fungus (mushroom)

Hongo de té (hongo manchuriano, kombucha): Tea mushroom (Manchurian mushroom, kombucha)

Horchata: Orgeat (almond milk, tigernut milk)

Horchata de chufa: Tigernut orgeat

Hortaliza: Vegetable (green vegetable)

Hortalizas crudas: Raw vegetables

Horticultura: Horticulture (gardening, vegetable farming)

Hortofruticultura: Fruit and vegetable growing

Huevo de rey (oronja, amanita de los césares): Caesar's mushroom (amanita caesarea)

Hummus (crema de puré de garbanzos): Hummus (mashed chickpea cream)

Humo líquido: Liquid smoke

I

Iceberg (lechuga): Iceberg lettuce (crisphead lettuce)

Infusión: Brew (infusion, herbal tea)

Infusión de hierbas: Herbal tea

Infusión de manzanilla: Camomile tea

Infusión de poleo: Pennyroyal tea

Infusión de tila: Linden blossom tea (tilleul tea)

Invernadero (invernáculo): Greenhouse (hothouse)

J

Jalapeño (chile jalapeño): Jalapeño pepper

Jarabe de arce: Maple syrup

Jazmín: Jasmine

Jengibre: Ginger

Judía: Bean

Judías blancas (alubias, frijoles blancos): White beans

Judías mantequeras (judías de cera): Wax beans

Judías negras (frijoles negros): Black beans

Judías pintas (alubias rojas): Red beans (scarlet runner beans, pinto beans)

Judías secas: Dried beans

Judías verdes (judías tiernas, vainas, porotos verdes): French beans (green beans, string beans)

Jugo (zumo): Juice

Juliana (cortado en juliana): Julienne (julienned)

Juliana de verduras: Julienned vegetables

K

Kala namak (sal negra del Himalaya): Kala namak (Himalayan black salt)

Kétchup: Ketchup (catsup)

Kimchi (col fermentada coreana): Kimchi (Korean fermented cabbage)

Kiwano (pepino cornudo): Kiwano (horned melon)

Kiwi: Kiwifruit (kiwi)

Kombu (alga kombu): Kombu seaweed

Kombucha (hongo de té, hongo manchuriano): Kombucha (tea mushroom, Manchurian mushroom)

Kumato (tomate negro): Kumato (black tomato)

Kumquat (naranja enana, mandarina china, quinoto): Kumquat (Chinese tangerine)

Kuzu (kudzu, arrurruz japonés, arrurruz chino): Kudzu (Japanese arrowroot, Chinese arrowroot)

L

Lactovegetarianismo: Lacto-vegetarianism

Lactovegetariano/a: Lacto-vegetarian (lactarian)

Laurel: Bay

Lavanda (espliego): Lavender

Leche de almendras: Almond milk

Leche de anacardos: Cashew milk

Leche de arroz (bebida de arroz): Rice milk

Leche de avena: Oat milk

Leche de cáñamo: Hemp milk

Leche de coco: Coconut milk

Leche de nueces: Nut milk

Leche de soja: Soy milk

Leche vegana: Vegan milk

Leche vegetal (bebida vegetal): Vegetable milk

Lechuga: Lettuce

Lechuga de hoja roja (lollo rosso): Red coral lettuce (lollo rosso)

Lechuga francesa (trocadero): Butterhead lettuce (trocadero lettuce)

Lechuga hoja de roble: Oakleaf lettuce

Lechuga iceberg: Iceberg lettuce

Lechuga romana (cos): Romaine lettuce (cos lettuce)

Lechuga trocadero: Trocadero lettuce

Lecite (lecitina de soja en polvo): Lecite (soy lecithin powder)

Lecitina de soja: Soy lecithin

Legumbre: Legume (pulse)

Legumbres secas: Dried legumes (dried pulses)

Lenteja: Lentil

Lentejas Beluga (lentejas caviar, lentejas negras): Beluga lentils (caviar lentils, black lentils)

Lentejas de Puy (lentejas verdes de Puy): Puy lentils (French green lentils)

Lentejas rojas: Red lentils

Leudante (agente leudante): Leavener (leavening agent)

Levadura: Yeast

Levadura de cerveza: Brewer's yeast

Levadura en polvo: Baking powder

Levadura nutricional: Nutritional yeast

Levadura tradicional: Traditional yeast (active dry yeast)

Levístico (apio de monte): Lovage

Lima: Lime

Limón: Lemon

Limoncillo (hierba limón, citronela, lemon grass): Lemon grass

Linaza (semilla de lino): Linseed (flaxseed)

Lino: Flax

Liquen: Lichen

Lirio: Lily

Litchi (lichi): Lychee (litchi)

Lollo rosso (lollo rojo): Lollo rosso (red lollo lettuce)

Lollo verde: Lollo verde (green lollo lettuce)

Lombarda (col lombarda): Purple cabbage (red cabbage)

Loto: Lotus

Lúpulo: Hop

Loto: Lotus

Lúpulo: Hop

M

Macadamia (nuez de macadamia): Macadamia (macadamia nut)

Macarrones: Macaroni

Macedonia de frutas: Macedonian fruit salad (diced fruit salad)

Macedonia de verduras: Vegetable macedonia (diced vegetable salad)

Macrobiótica: Macrobiotics

Magnesio: Magnessium

Magnolia: Magnolia

Maicena: Cornflour (cornstarch)

Maíz: Corn (sweetcorn, maize)

Maíz dulce: Sweetcorn (sweet corn)

Malanga (taro, tubérculo de la malanga): Malanga (taro, arum root)

Malezas comestibles: Edible weeds

Malta (cebada germinada y tostada): Malt (germinated and toasted barley)

Malva: Mallow

Malvavisco: Marshmallow

Mamey: Mammee (mamey apple)

Mandarina: Tangerine (mandarin orange)

Mandarina china (kumquat): Chinese tangerine (kumquat)

Mandioca (casava): Cassava (manioc)

Mango: Mango

Maní (cacahuete): Peanut

Manteca de cacao: Cocoa butter

Manteca vegetal: Shortening (vegetable oil)

Mantequilla de almendra: Almond butter

Mantequilla de anacardos: Cashew butter

Mantequilla de cacahuete: Peanut butter

Mantequilla de frutos secos: Nut butter

Mantequilla de pistachos: Pistachio butter

Mantequilla de semillas de calabaza: Pumpkin seed butter

Mantequilla vegana: Vegan butter

Manzana: Apple

Manzanilla (camomila): Chamomile (camomile)

Maracuyá (fruta de la pasión): Maracuja (passion fruit)

Margarina: Margarine

Margarina no hidrogenada: Non-hydrogenated margarine

Margarina vegetal (margarina vegana): Vegetable margarine (vegan margarine)

Marihuana (hierba, maría): Marijuana (weed)

Marmite (pasta de levadura para untar): Marmite (yeast spread)

Masa de hojaldre: Flaky pastry

Masa fermentada: Sourdough

Masala (mezcla de especias): Masala (spice mixture)

Mastuerzo: Pepperwort (garden cress)

Matalahúga (matalahúva, anís verde): Aniseed

Matsutake (hongo pino): Matsutake (pine mushroom)

Mayonesa vegana (veganesa, mayonesa sin huevo, lactonesa): Vegan mayonnaise (egg-free mayonnaise)

Mazorca de maíz (elote, choclo): Corn on the cob (ear of maize, corncob)

Mejorana: Marjoram

Melisa (toronjil, hoja de limón): Lemon balm (sweet balm)

Melocotón (durazno): Peach

Melón: Melon

Melón verde (casaba): Honeydew melon

Menta (hierbabuena): Mint (peppermint, spearmint)

Mermelada: Jam (marmalade)

Mermelada de fresa: Strawberry jam

Mermelada de naranja amarga: Seville orange marmalade

Mesclun de ensaladas: Salad mesclun

Mezcla de especias: Spice mix (spice blend)

Micoproteína: Mycoprotein

Microalgas: Microalgae (microphytes)

Microgreens (germinados): Microgreens

Micronutriente: Micronutrient

Microvegetales: Micro vegetables

Miel de caña (concentrado del jugo de la caña de azúcar): Cane honey (concentrated juice of sugar cane)

Miga de pan (migaja de pan): Breadcrumb

Mijo (millo): Millet

Minerales: Minerals

Mirabel (ciruela amarilla): Mirabelle (yellow plum)

Mirtilo (arándano negro): Blueberry (bilberry)

Mirto: Myrtle

Miso (pasta de soja): Miso (soybean paste)

Monda (mondadura, cáscara): Peel (zest, shell)

Mora: Mulberry

Morrón (pimiento morrón): Sweet pepper (bell pepper)

Mostaza: Mustard

Mostaza de Dijon: Dijon mustard

Mostaza seca (mostaza en polvo): Dry mustard (mustard powder)

Mousse de chocolate vegano: Vegan chocolate mousse

Mucerones (mojardones): Sweetbread mushrooms

Muesli (cereales, frutos secos y frutas deshidratadas): Muesli (cereals, nuts and dried fruits)

Múrgula (colmenilla, morilla, cagarria): Morel (morel mushroom)

Musgo: Moss

Musgo comestible: Edible moss

Músico (surtido de frutos secos): Mixed nuts and dried fruits

N

Nabicol (rutabaga, nabo sueco): Swede (rutabaga)

Nabizas (primeras hojas del nabo): Early turnip leaves

Nabo: Turnip

Nabo blanco: White turnip

Naranja: Orange

Naranja amarga (naranja agria, naranja de Sevilla, naranja bigarade): Bitter orange (sour orange, Seville orange, bigarade orange)

Naranja enana (kumquat, naranja japonesa): Kumquat

Naranja sanguina: Blood orange

Natto (alimento hecho con soja fermentada): Natto (fermented soy product)

Néctar: Nectar

Néctar de agave (sirope de agave, miel de agave): Agave nectar (agave syrup, maguey syrup)

Nectarina: Nectarine

Negrillas (fredolics): Grey knight (dirty tricholoma)

Neguilla (kalonji, comino negro): Black caraway (nigella, kanlonji, black cumin)

Nibs de cacao: Cocoa nibs

Níscalo (mízcalo, robellón): Milkcap mushroom

Níspero: Medlar (loquat)

Niveles de veganismo: Levels of veganism

Nopal (higo chumbo): Prickly pear

Nori (algas marinas comestibles): Nori (edible seaweed)

Nueces verdes: Green walnuts

Nuez: Walnut

Nuez de Brasil: Brazil nut

Nuez de la India (anacardo): Cashew (cashew nut)

Nuez de macadamia: Macadamia nut

Nuez moscada: Nutmeg

Nuez pecana (pacana): Pecan nut

Ñ

Ñame: Yam

Ñoqui: Gnocchi

Ñoquis veganos: Vegan gnocchi

Ñora (pimiento de romesco): Ñora pepper (romesco pepper)

O

Okara (pulpa de soja): Okara (soy pulp, tofu dregs)

Okra (gombo, quimbombó, angú): Okra (ochro, gumbo, ladies' fingers)

Oligoelementos (elementos traza): Trace elements (trace minerals)

Oliva (aceituna): Olive

Olivada (paté de olivas negras): Olivada (tapenade, black olive spread)

Omnívoro/a: Omnivorous (omnivore)

Orégano: Oregano (wild marjoram)

Orejones: Dried peach/apricot slices

Origen animal: Animal origin

Origen vegetal: Vegetable origin (plant origin, plant-based)

Oronja (huevo de rey, amanita de los césares): Caesar's mushroom (amanita caesarea)

Ortiga: Nettle

Ostroveganismo (bivalveganismo): Ostroveganism (bivalveganism)

Ostrovegano/a: Ostrovegan

Ovolactovegetarianismo: Ovo-lacto vegetarianism

Ovolactovegetariano/a: Ovo-lacto vegetarian

P

Pacana: Pecan

Pak choi (bok choy, col china): Pak choi (bok choy, Chinese cabbage)

Palitos de apio (bastones de apio): Celery sticks

Palmiste: Palm kernel

Palmito: Palm heart

Palo de regaliz: Liquorice root stick

Palodulce (regaliz, orozuz): Liquorice (licorice)

Palomitas de maíz (cotufas): Popcorn

Palosanto (caqui): Persimmon (kaki)

Palta (aguacate): Avocado

Pan: Bread

Pan artesano: Artisan bread

Pan de barra (pan francés, baguette): French bread

Pan de centeno: Rye bread

Pan de especias: Spice bread

Pan de molde (pan inglés): Sandwich loaf

Pan de nueces: Nut bread

Pan de payés: Round loaf (peasant bread)

Pan de trigo: Wheat bread

Pan integral (pan de grano completo): Wholemeal bread (whole wheat bread)

Pan moreno: Brown bread

Pan negro (pan de centeno): Black bread (rye bread)

Pan de pita (pan árabe): Pita bread (pitta, Arabic bread)

Pan rallado: Breadcrumbs (crumbed bread)

Pan sin gluten: Gluten-free bread

Pan tostado: Toasted bread

Pan vegano: Vegan bread

Panaché de verduras: Vegetable panaché (mixed vegetables)

Panela (azúcar de caña sin refinar): Panela (unrefined whole cane sugar)

Panko (pan rallado japonés): Panko (Japanese breadcrumbs)

Papas (patatas): Tatties (taters, potatoes)

Papaya: Papaya

Papel de arroz: Rice paper

Paprika (pimentón): Paprika

Paraguayo (paraguaya, durazno japonés): Saturn peach (donut peach, flat peach)

Parchita (fruta de la pasión): Passion fruit

Parmesano vegano (rawmesan): Vegan parmesan (rawmesan)

Pasa (uva pasa): Raisin

Pasa de Corinto (uva de Corinto, grosella): Currant

Pasa de Esmirna (pasa sultana): Sultana (golden raisin)

Pasta (espaguetis, macarrones...): Pasta

Pasta de miso: Miso paste

Pasta de sésamo (tahini): Sesame paste (tahini)

Pastel: Cake (pie)

Pastel de coliflor: Cauliflower pie

Pastel de manzana: Apple cake (apple pie)

Pastilla de caldo de verduras: Vegetable stock cube

Pastinaca (chirivía): Parsnip

Pataca (aguaturma, tupinambo): Jerusalem artichoke

Patata (papa): Potato

Patata violeta (vitelotte): Violet potato (purple potato, vitelotte)

Pencas de acelga (tallos de acelga): Swiss chard ribs (Swiss chard stalks)

Pensamiento (flor de pensamiento): Pansy (pansy flower)

Pepinillo: Gherkin

Pepinillos encurtidos (pepinillos en vinagre): Pickled gherkins (pickles)

Pepino: Cucumber

Pepino cornudo (pepino silvestre, kiwano): Horned melon (kiwano)

Pepita (semilla): Pip (seed)

Pepitas de girasol (semillas de girasol): Sunflower seeds

Pera: Pear

Perejil: Parsley

Perifollo: Chervil

Permacultura vegánica: Veganic permaculture (plant-based permaculture)

Perrechicos (setas de primavera, setas de San Jorge): St. George's mushrooms (springtime mushrooms)

Pescado: Fish

Pescatarianismo (pescetarianismo): Pescatarianism (pescetarianism)

Pescetariano/a: Pescetarian

Pesto vegano: Vegan pesto

Pétalos de amapola: Poppy petals

Pimentón: Paprika

Pimentón ahumado: Smoked paprika

Pimentón en polvo: Paprika powder

Pimienta: Pepper

Pimienta blanca: White pepper

Pimienta de Cayena (guindilla seca): Cayenne pepper

Pimienta de Jamaica: Allspice

Pimienta negra: Black pepper

Pimienta rosa (bayas rosas): Pink pepper (pink berries)

Pimienta verde: Green pepper

Pimiento: Pepper (bell-pepper, capsicum)

Pimiento dulce: Sweet pepper

Pimiento rojo: Red sweet pepper (red bell pepper)

Pimiento verde: Green sweet pepper

Piña (ananás): Pineapple

Piñón: Pine nut (pine kernel)

Pipa (pepita, semilla): Pip (seed)

Piparra: Basque chili pepper

Pipas de calabaza (semillas de calabaza): Pumpkin seeds

Pistacho: Pistachio

Pistachos sin sal: Salt-free pistachios

Pisto (fritada de verduras): Pisto (deep-fried diced vegetables)

Pita (pan de pita, pan árabe): Pitta (pita bread, Arabic bread)

Pitaya (pitahaya, fruta del dragón): Pitaya (pitahaya, dragon fruit)

Plancton: Plankton

Planta: Plant

Planta comestible: Edible plant

Plátano: Banana

Plátano macho: Plantain

Pochas: White beans

Polen: Pollen

Polenta (gachas de harina de maíz): Polenta (cornmeal)

Poleo: Pennyroyal

Pollo: Chicken

Pollo-pescetariano: Chickifishitarian (pollo-pescetarian)

Pollotarianismo: Pollotarianism

Pollotariano/a: Pollotarian (pollo-vegetarian)

Polvo de cinco especias: Five-spice powder

Polvo de hornear (levadura química, impulsor): Baking powder (baking soda)

Pomelo (toronja): Grapefruit

Pomelo rosa: Pink grapefruit

Popieta de col (rollito de col): Cabbage roll

Poroto (judía, frijol, habichuela): Bean

Poroto chino (poroto mung, soja verde): Mung bean (moong bean)

Potasio: Potassium

Primicias (primeros frutos): Early fruits (first fruits)

Producto apto para veganos (producto APV): Vegan friendly product (VF product)

Proteína: Protein

Proteína animal: Animal protein

Proteína de cáñamo en polvo: Hemp protein powder

Proteína de guisante: Pea protein

Proteína de soja: Soy protein

Proteína en polvo: Protein powder

Proteína vegana: Vegan protein

Proteína vegetal: Vegetable protein (plant-based protein)

Proteína vegetal texturizada (PVT, proteína de soja): Textured vegetable protein (TVP, textured soy protein, soy meat)

Puerro: Leek

Puerro silvestre (ajipuerro, ajete): Wild leek

Pulpa (carne de la fruta): Pulp (flesh of the fruit)

Pulpa de soja: Soy pulp

Puntas de espárragos (yemas de espárragos): Asparagus tips

Puré: Purée

Puré de calabacín: Courgette purée

Puré de tomate: Tomato purée

Puré de verduras: Vegetable purée

Q

Queso de soja (tofu): Bean curd (tofu)

Queso vegano: Vegan cheese

Quimbombó (okra): Okra

Quinoa (quinua): Quinoa

Quinoa ecológica: Organic quinoa

Quorn (sustituto de la carne): Quorn (meat substitute)

R

Rabanillo: Wild radish

Rábano: Radish

Rábano picante (rábano silvestre, rabanillo, raifort): Horseradish

Radicchio (achicoria roja): Radicchio (red chicory)

Raíces alimenticias (verduras de raíz): Root vegetables

Raifort (rábano picante): Horseradish

Ramillete de hierbas (bouquet garni): Bunch of herbs (bouquet garni)

Ramita de perejil: Sprig of parsley

Rapadura (azúcar sin refinar): Raw sugar (unrefined sugar)

Rapónchigo (ruiponce): Rampion

Rawmesan (sustituto del queso parmesano): Rawmesan

Rawnie (brownie crudo): Rawnie (raw vegan brownie)

Recetas veganas: Vegan recipes

Regaliz (regaliza): Liquorice (licorice)

Régimen vegetariano: Vegetarian diet

Remolacha (betabel, betarraga): Beetroot (beet, red beet)

Repollo (col repollo, repollo blanco): White cabbage

Restaurante vegano: Vegan restaurant

Restaurante vegetariano: Vegetarian restaurant

Retoño (brote): Shoot (sprout)

Risotto sin arroz: Riceless risotto

Rizoma: Rhizome

Rizomas comestibles: Edible rhizomes

Rollitos de col: Cabbage rolls

Romanescu (brécol romanesco): Romanesco broccoli (Roman cauliflower)

Romero: Rosemary

Rúcula: Arugula (rocket salad)

Ruibarbo: Rhubarb

Rutabaga (naba, nabicol): Rutabaga (swede)

S

Sal: Salt

Sal de apio: Celery salt

Sal del Himalaya: Himalayan salt

Sal marina: Sea salt

Sal negra del Himalaya (sal kala namak): Himalayan black salt (Kala namak)

Sal rosa (sal rosada): Pink salt

Sal rosa del Himalaya: Himalayan pink salt

Salchicha vegetariana: Vegetarian sausage

Sales minerales: Mineral salts

Salicornia (espárrago de mar, hierba salada): Salicornia (samphire, sea beans, saltwort, glasswort, chicken feet)

Salsa: Sauce (gravy, dressing, relish)

Salsa agridulce: Sweet-and-sour sauce

Salsa chimichurri (perejil, orégano, ajo, vinagre, aceite, ají molido y sal): Chimichurri sauce (parsley, oregano, garlic, vinegar, olive oil, ground chili and salt)

Salsa de aceitunas: Olive sauce

Salsa de ajos (ajada): Garlic sauce

Salsa de alcaparras: Caper sauce

Salsa de cebolla: Onion sauce

Salsa de limón: Lemon sauce

Salsa de menta: Mint sauce

Salsa de miso: Miso sauce

Salsa de mostaza: Mustard sauce

Salsa de naranja: Orange sauce

Salsa de nueces: Walnut sauce

Salsa de pimienta: Poivrade sauce (peppercorn sauce)

Salsa de sésamo: Sesame sauce

Salsa de soja (salsa de soya)   : Soy sauce (soya sauce)

Salsa de tomate: Tomato sauce

Salsa de trufas: Truffle sauce

Salsa hoisin (salsa china que lleva soja, ajo, vinagre, chile y endulzante): Hoisin sauce (Chinese sauce with soy, garlic, vinegar, chili and sweetener)

Salsifí: Salsify

Salvado: Bran

Salvia: Sage

Samfaina (chanfaina, fritura de pimientos, cebollas, berenjenas y tomates): Samfaina (fried peppers, onions, aubergines and tomatoes)

Sandía: Watermelon

Sándwich vegetal: Vegetarian sandwich

Sarraceno (trigo negro): Buckwheat

Sasafrás: Sassafras

Saúco: Elder

Sazonadores veganos: Vegan seasonings

Seitán (gluten de trigo): Seitan (wheat gluten)

Selenio: Selenium

Semilla: Seed

Semillas de amapola: Poppy seeds

Semillas de calabaza: Pumpkin seeds

Semillas de cáñamo: Hemp seeds

Semillas de chía: Chia seeds

Semillas de comino: Cumin seeds

Semillas de girasol (pipas de girasol): Sunflower seeds

Semillas de granada: Pomegranate seeds

Semillas de hinojo: Fennel seeds

Semillas de lino (linaza): Flaxseeds

Semillas de sésamo: Sesame seeds

Semillas oleaginosas: Oil seeds

Semivegetarianismo (pescatarianismo, pollotarianismo): Semi-vegetarianism (pescetarianism)

Sémola: Semolina

Sensibilidad al gluten: Gluten sensitivity

Serpol (tomillo silvestre): Wild thyme

Sésamo: Sesame

Seta (hongo): Mushroom

Seta comestible: Edible mushroom

Setas de ostra (gírgolas): Oyster mushrooms

Setas de San Jorge (zizas): St. George's mushrooms

Setas deshidratadas: Dehydrated mushrooms

Setas silvestres: Wild mushrooms

Shiitake (seta japonesa): Shiitake (Japanese mushroom)

Sidra: Cider

Sin gluten: Gluten-free

Sin lactosa: Lactose-free

Sirope de arce (jarabe de arce, miel de arce): Maple syrup

Sirope de arroz (jarabe de arroz): Rice syrup

Sirope de dátil (jarabe de dátil, endulzante natural): Date syrup (natural sweetener)

Soja (soya): Soy (soya, soybean)

Soja fermentada: Fermented soybeans

Soja texturizada: Textured soy

Soja verde: Green soybeans

Sombreros de setas: Mushroom caps

Sopa: Soup

Sopa de cebolla: Onion soup

Sopa de espelta: Spelt soup

Sopa de frutas: Fruit soup

Sopa de tofu: Tofu soup

Sopa de tomillo: Thyme soup

Sopa de verduras: Vegetable soup

Sopa depurativa: Cleansing soup

Sopa juliana: Julienne soup

Sourdough (masa fermentada): Sourdough

Stevia (estevia, edulcorante): Stevia (sweetener)

Sucedáneo de carne (sustituto de la carne): Meat analogue (meat substitute)

Superalimento: Superfood

Superalimento vegano: Vegan superfood

Sushi sin pescado: Fish-free sushi

Sustituto (alternativa): Substitute (replacer, alternative)

Sustituto de la carne: Meat substitute

Sustituto de la mantequilla: Butter substitute

Sustituto del azúcar: Sugar substitute

Sustituto del queso: Cheese substitute

Sustituto del queso vegano: Vegan cheese substitute

Sustitutos del huevo: Egg substitutes (egg replacers)

T

Tahini (tahina, pasta de semillas de sésamo): Tahini (tahina, ardeh, paste made from sesame seeds)

Tallo (de verduras): Stalk (stem)

Tallo de puerro: Leek stalk

Tallos de acelga (pencas de acelga): Swiss chard stalks (Swiss chard stems)

Tamarindo: Tamarind

Tandoori masala (mezcla de especias): Tandoori masala (spice mixture)

Tapioca (mandioca): Tapioca

Taro (malanga): Taro

Té: Tea

Té matcha: Matcha tea

Tempeh (producto hecho con soja fermentada): Tempeh (fermented soybean product)

The Vegan Society (organización que promueve el veganismo): The Vegan Society

Tila: Linden (linden blossom, lime blossom)

Tirabeques: Mangetout (sugar peas, snow peas)

Tisana: Tisane (infusion, herb tea)

Tofu (cuajada de soja): Tofu (bean curd)

Tomate: Tomato

Tomate cereza (tomate "cherry", tomatito): Cherry tomato

Tomate rosa (tomate rosado): Pink tomato

Tomate seco: Dried tomato

Tomatillo (miltomate, tomate verde, tomate de cáscara): Tomatillo (Mexican husk tomato)

Tomillo: Thyme

Tomillo limonero (tomillo limón): Lemon thyme (citrus thyme)

Tomillo silvestre (serpol): Wild thyme

Toronja (pomelo): Grapefruit

Toronjil: Balm (common balm, lemon balm)

Tortilla (tortita hecha con harina de maíz): Tortilla (corn pancake)

Trigo: Wheat

Trigo bulgur: Bulgur wheat

Trigo negro (sarraceno): Buckwheat

Trigueros (espárragos trigueros): Wild asparagus

Trocadero (lechuga francesa): Trocadero lettuce

Trompeta amarilla (angula de monte, camagroc): Yellow foot mushroom (camagroc)

Trufa (tuber melanosporum): Truffle (tuber melanosporum)

Trufa blanca: White truffle

Trufa negra (trufa de Périgord): Black truffle (Périgord truffle)

Tubérculo: Tuber

Tubérculos comestibles: Edible tubers

Tupinambo (aguaturma, pataca): Topinambour (Jerusalem artichoke)

U

Ugly food (movimiento para aprovechar frutas y verduras con mal aspecto): Ugly food (movement to market imperfect fruits and vegetables)

Uva: Grape

Uva espina: Gooseberry

Uvas pasas (uvas secas, pasas): Raisins (dried grapes)

V

Vaina: Pod (husk, shell)

Vainas (judías tiernas): Green beans

Vainilla: Vanilla

Valeriana: Valerian

Veganesa (mayonesa vegana): Vegan mayonnaise (egg-free mayonnaise)

Vegánico (vegano y orgánico): Veganics (vegan and organic)

Veganismo: Veganism

Veganismo ambiental: Environmental veganism

Veganismo dietético: Dietary veganism

Veganismo ético: Ethical veganism

Vegano/a (vegetariano/a estricto/a): Vegan (strict vegetarian)

Vegano/a ambiental: Environmental vegan

Vegano/a dietético: Dietary vegan

Vegano/a ético/a: Ethical vegan

Vegano/a tramposo/a: Cheating vegan (chegan)

Vegetal: Vegetable

Vegetarianismo: Vegetarianism

Vegetarianismo estricto: Strict vegetarianism

Vegetariano/a: Vegetarian

Vegetariano/a estricto/a: Strict vegetarian

Verdinas (alubias verdinas, habinas verdinas): Small green verdina beans

Verdolaga: Purslane

Verdura: Vegetables (veggies, greens)

Verduras de hoja: Leaf vegetables (leafy greens)

Verduras de temporada: Seasonal vegetables

Verduras deshidratadas: Dehydrated vegetables

Verduras ecológicas: Organic vegetables

Verduras tempranas: Early vegetables

Verduras verdes (hortalizas): Green vegetables

Verduritas: Baby vegetables

Vinagre: Vinegar

Vinagre balsámico: Balsamic vinegar

Vinagre de arroz: Rice vinegar

Vinagre de manzana: Apple cider vinegar

Vino: Wine

Vino vegano: Vegan wine

Violeta: Violet

Vitamina: Vitamin

Vitamina B12: Vitamin B12

Vitamina D vegana: Vegan vitamin D

Vitelotte (patata violeta): Vitelotte (violet potato)

W

Wakame (alga comestible): Wakame (edible seaweed)

Wasabi (rábano japonés/condimento): Wasabi (Japanese horseradish/condiment)

X

Xantana (goma xantana): Xanthan gum

Y

Yaca (panapén): Jackfruit

Yemas de espárragos (puntas de espárragos): Asparagus shoots (asparagus tips)

Yodo: Iodine

Yogur (yogurt): Yogurt (yogurt, yoghourt)

Yogur de leche de arroz: Rice milk yogurt

Yogur vegano: Vegan yogurt

Yuca: Yucca

Z

Zanahoria: Carrot

Zapallito (calabacín redondo): Round courgette (globe squash)

Zapallo (calabaza): Pumpkin (squash)

Zarzamora: Blackberry

Zinc (cinc): Zinc

Zizas (setas de San Jorge, setas de primavera): St. George's mushrooms (springtime mushrooms)

Zoodles (fideos de calabacín): Zoodles (zucchini noodles)

Zumaque: Sumac

Zumo (jugo): Juice

Zumo de frutas: Fruit juice

Zumo detox: Detox juice

Zumo verde: Green juice

PART II: ENGLISH-SPANISH

A

Açaí (açaí berry): Açaí (baya de acai)

Acerola (Barbados cherry, West Indian cherry): Acerola (manzanita, semeruco)

Aceto balsamico (balsamic vinegar): Aceto balsámico (vinagre balsámico)

Agar-agar (vegetable gelatin): Agar-agar (gelatina vegetal)

Agave: Agave

Agave nectar (agave syrup, maguey syrup): Néctar de agave (sirope de agave, miel de agave)

Albumin: Albúmina

Alfalfa: Alfalfa

Alfalfa sprouts: Brotes de alfalfa

Alioli (aioli, garlic mayonnaise): Alioli (mayonesa de ajos, ajiaceite)

Allspice: Pimienta de Jamaica

Almond: Almendra

Almond butter: Mantequilla de almendra

Almond flour (almond meal): Harina de almendra

Almond milk: Leche de almendras

Aloe vera: Aloe vera (sábila)

Amanita caesarea (Caesar's mushroom): Amanita de los césares (huevo de rey, oronja)

Amino acid: Aminoácido

Angelica (angelic): Angélica

Animal origin: Origen animal

Animal protein: Proteína animal

Anise: Anís

Aniseed: Matalahúga (matalahúva, anís verde)

Annatto (achiote): Achiote (bija, axiote)

Api-vegetarian (beegan, honeytarian): Apivegetariano/a

Api-vegetarianism: Apivegetarianismo

Apple: Manzana

Apple cake (apple pie): Pastel de manzana

Apple cider vinegar: Vinagre de manzana

Apricot: Albaricoque (albarillo)

Aquafaba (water in which legume seeds have been cooked): Aquafaba (acuafaba, líquido de cocer las legumbres)

Aromatic herbs: Hierbas aromáticas

Arrowroot: Arrurruz (arrowroot)

Artichoke: Alcachofa (alcaucil)

Artichoke salad: Ensalada de alcachofas

Artisan beer (craft beer): Cerveza artesana (cerveza artesanal)

Artisan bread: Pan artesano

Arugula (rocket salad): Rúcula

Arugula salad: Ensalada de rúcula

Asparagus: Espárrago

Asparagus salad: Ensalada de espárragos

Asparagus shoots (asparagus tips): Yemas de espárragos (puntas de espárragos)

Aubergine (eggplant): Berenjena

Avocado: Aguacate (palta)

Avocado salad: Ensalada de aguacate

B

Baby broad beans: Habitas

Baby strawberries: Fresitas

Baby vegetables: Verduritas

Baby wild strawberries: Fresitas del bosque

Baking powder: Polvo de hornear (levadura química, impulsor)

Baking soda: Bicarbonato (bicarbonato de soda)

Balm (common balm, lemon balm): Toronjil

Balsamic oil: Aceite balsámico

Balsamic vinegar: Vinagre balsámico

Bamboo: Bambú

Banana: Plátano (banana)

Barley: Cebada

Basil: Albahaca

Basil leaves: Hojas de albahaca

Basil oil: Aceite de albahaca

Basmati rice: Arroz basmati

Bastard saffron (safflower): Alazor (cártamo)

Bay: Laurel

Bay leaf: Hoja de laurel

Bean: Judía (frijol, poroto, habichuela)

Bean curd (tofu): Queso de soja (tofu)

Bean sprouts (soybean sprouts): Brotes de soja

Beer: Cerveza

Beet (beetroot, red beet): Remolacha (betabel, betarraga)

Beet sugar: Azúcar de remolacha

Belgian endive (witloof chicory): Endibia (endivia)

Beluga lentils (caviar lentils, black lentils): Lentejas Beluga (lentejas caviar, lentejas negras)

Bergamot: Bergamota

Berry: Baya

Besan (gram flour, chickpea flour): Besan (harina de garbanzo)

Bilberry (blueberry): Arándano negro (mirtilo)

Biscuit (cookie): Galleta

Bitter orange (sour orange, Seville orange, bigarade orange): Naranja amarga (naranja agria, naranja de Sevilla, naranja bigarade)

Black beans: Judías negras (alubias negras, frijoles negros)

Black bread (rye bread): Pan negro (pan de centeno)

Black caraway (nigella, kanlonji, black cumin): Neguilla (kalonji, comino negro)

Black garlic: Ajo negro

Black olives: Aceitunas negras

Black pepper: Pimienta negra

Black salsify: Escorzonera (salsifí negro)

Blackberry: Zarzamora

Blackcurrant: Grosella negra

Blood orange: Naranja sanguina

Blueberry (bilberry): Mirtilo (arándano negro)

Bok choi (pak choi, Chinese cabbage): Bok choy (pak choi, col china)

Borage: Borraja

Bouillon (broth, stock): Bouillon (caldo)

Bran: Salvado

Brazil nut: Nuez de Brasil

Bread: Pan

Breadcrumb: Miga de pan (migaja de pan)

Breadcrumbs (crumbed bread): Pan rallado

Breakfast cereals: Cereales para desayuno

Brew (infusion, herbal tea): Infusión

Brewer's yeast: Levadura de cerveza

Broad bean (fava bean): Haba

Broad bean salad: Ensalada de habas

Broccoli: Brócoli (brécol, bróculi)

Broccoli florets: Floretes de brócoli

Broth (stock, bouillon): Caldo

Brown bread: Pan moreno

Brown sugar: Azúcar moreno

Brussels sprouts: Coles de Bruselas

Buckwheat: Sarraceno (trigo negro)

Buddha bowl: Budha bowl (bol de Buda)

Bulb: Bulbo

Bulgur (burghul): Bulgur (burghul)

Bulgur wheat: Trigo bulgur

Bunch of herbs (bouquet garni): Ramillete de hierbas (bouquet garni)

Butter substitute: Sustituto de la mantequilla

Butterhead lettuce (trocadero lettuce): Lechuga francesa (trocadero)

C

Cabbage (kale, kail): Col (berza)

Cabbage roll: Popieta de col (rollito de col)

Caesar's mushroom (amanita caesarea): Huevo de rey (oronja, amanita de los césares)

Cajun (seasoning): Cajún (condimento)

Cake: Pastel (tarta, torta)

Calcium: Calcio

Calcium carbonate: Carbonato de calcio

Camomile (chamomile): Manzanilla (camomila)

Camomile tea: Infusión de manzanilla

Cane honey (concentrated juice of sugar cane): Miel de caña (concentrado del jugo de la caña de azúcar)

Cannabis: Cánnabis (cannabis)

Caper: Alcaparra

Caper sauce: Salsa de alcaparras

Carambola (star fruit): Carambola (fruta de estrella)

Caraway (Persian cumin): Alcaravea (comino de prado)

Carbohydrate: Hidrato de carbono (carbohidrato)

Cardamom: Cardamomo

Cardoon (thistle): Cardo

Carob (locust bean): Algarroba

Carrot: Zanahoria

Carrot salad: Ensalada de zanahoria

Casaba melon (honeydew melon): Casaba (melón verde)

Cashew (cashew nut): Anacardo (castaña de cajú, marañón, nuez de la India)

Cashew butter: Mantequilla de anacardos

Cashew flour: Harina de anacardos (harina de castañas de cajú)

Cashew milk: Leche de anacardos

Cassava (manioc): Mandioca (casava)

Cauliflower: Coliflor

Cauliflower florets: Floretes de coliflor

Cauliflower pie: Pastel de coliflor

Cayenne pepper: Pimienta de Cayena (guindilla seca)

Celeriac (celery root): Apio-nabo (apionabo, raíz de apio)

Celery: Apio

Celery salad: Ensalada de apio

Celery salt: Sal de apio

Celery sticks: Palitos de apio (bastones de apio)

Cèpe mushroom (porcini, penny bun, boletus edulis): Hongo (boletus edulis, cep)

Cereal bar: Barrita de cereales

Cereals (grains): Cereales

Chamomile (camomile): Manzanilla (camomila)

Champignon mushroom: Champiñón

Chard leaves: Hojas de acelga

Cheating vegan (chegan): Vegano/a tramposo/a

Cheese substitute: Sustituto del queso

Chegan (vegan cheese): Chegan (queso vegano)

Cherry: Cereza

Cherry tomato: Tomate cereza (tomate "cherry", tomatito)

Chervil: Perifollo

Chestnut: Castaña

Chia: Chía

Chia seeds: Semillas de chía

Chicken: Pollo

Chickifishitarian (pollo-pescetarian): Pollo-pescetariano

Chickpea: Garbanzo

Chickpea flour (gram flour, besan): Harina de garbanzo (besan)

Chickpea salad: Ensalada de garbanzos

Chicory: Achicoria (chicoria)

Chili (chilli, chile, hot pepper): Chile (chili, ají, guindilla, pimiento picante)

Chili powder: Chile en polvo (guindilla en polvo)

Chimichurri sauce (parsley, oregano, garlic, vinegar, olive oil, ground chili and salt): Salsa chimichurri (perejil, orégano, ajo, vinagre, aceite, ají molido y sal)

Chinese anise: Badián (badiana, anís estrellado de la China)

Chinese cabbage: Col china (repollo chino)

Chinese chard (bok choi, pak choi): Acelga china (bok choi, pak choi, col china)

Chinese tangerine (kumquat): Mandarina china (kumquat)

Chipotle (smoked chili): Chipotle (chile ahumado)

Chlorella seaweed: Clorela (alga chlorella)

Chocolate: Chocolate

Chocolate chips: Chips de chocolate (pepitas de chocolate)

Cider: Sidra

Cilantro (coriander): Cilantro (coriandro)

Cinnamon: Canela

Cinnamon powder: Canela en polvo

Cinnamon sticks: Canela en rama

Citronella (lemon grass): Citronela (hierba limón, limoncillo)

Citrus fruits: Cítricos (frutos agrios)

Cleansing diet: Dieta depurativa

Cleansing soup: Sopa depurativa

Clementine (mandarin orange): Clementina

Climatarian: Climariano/a

Clove: Clavo de especia (clavo de olor, clavillo)

Clove of garlic: Diente de ajo

Cob (corn cob, corn on the cob): Elote (mazorca tierna de maíz)

Cocoa: Cacao

Cocoa beans: Habas de cacao (granos de cacao)

Cocoa butter: Manteca de cacao

Cocoa nibs: Nibs de cacao

Coconut: Coco

Coconut cream: Crema de coco

Coconut milk: Leche de coco

Coconut oil: Aceite de coco

Coconut sugar: Azúcar de coco

Coconut water: Agua de coco

Coffee: Café

Collard (cabbage): Berza (col)

Colza (rape, rapeseed): Colza

Copper: Cobre

Coriander (cilantro): Coriandro (cilantro)

Corn (sweetcorn, maize): Maíz

Corn on the cob (ear of maize, corncob): Mazorca de maíz (elote, choclo)

Corn salad (lamb's lettuce): Hierba de los canónigos (milamores)

Cornflour (cornstarch): Maicena

Cornmeal (cornflour): Harina de maíz

Courgette (zucchini, squash): Calabacín (zapallito)

Courgette purée: Puré de calabacín

Courgette spaghetti (courgetti, zoodles): Espaguetis de calabacín

Courgetti (courgette spaghetti): Courgetti (espaguetis de calabacín)

Couscous: Cuscús (cuzcuz, alcuzcuz)

Couscous salad: Ensalada de cuscús

Cranberry: Arándano (arándano rojo, arándano encarnado)

Cream of tartar (potassium bitartrate): Cremor tártaro (bitartrato de potasio)

Cress (watercress): Berro

Crudités (uncooked vegetables): Crudités (crudezas, hortalizas crudas)

Crudités salad: Ensalada de crudités

Crudivorism (raw foodism): Crudivorismo

Crushed olives: Aceitunas partidas

Cucumber: Pepino

Cumin (caraway): Comino

Cumin seeds: Semillas de comino

Curly cabbage (kale, leaf cabbage): Col rizada (col crespa, col verde, kale)

Currant: Grosella (pasa de Corinto, uva de Corinto)

Curry (spice blend): Curry (mezcla de especias)

D

Dairy alternatives: Alternativas a lácteos

Dandelion: Diente de león

Date: Dátil

Date syrup (natural sweetener): Sirope de dátil (jarabe de dátil, endulzante natural)

Dehydrated coconut: Coco deshidratado

Dehydrated mushrooms: Setas deshidratadas

Dehydrated vegetables: Verduras deshidratadas

Detox juice: Zumo detox

Detox salad: Ensalada depurativa (ensalada detox)

Diced vegetable salad: Ensaladilla

Diet: Dieta (régimen)

Dietary vegan: Vegano/a dietético

Dietary veganism: Veganismo dietético

Dijon mustard: Mostaza de Dijon

Dill: Eneldo

Dragon fruit (pitaya): Fruta del dragón (pitaya)

Dressing (seasoning): Aliño

Dried beans: Judías secas (frijoles secos)

Dried flowers: Flores secas

Dried fruit: Fruta seca

Dried fruits (nuts): Frutos secos

Dried grapes (raisins): Uvas secas (pasas, uvas pasas)

Dried legumes (dried pulses): Legumbres secas

Dried peach/apricot slices: Orejones

Dried tomato: Tomate seco

Dry mustard (mustard powder): Mostaza seca (mostaza en polvo)

E

Early fig: Breva

Early fruits: Primicias (primeros frutos)

Early turnip leaves: Nabizas (primeras hojas del nabo)

Early vegetables: Verduras tempranas

Edamame (immature, unopened green soybeans): Edamame (vainas tiernas de soja)

Edible ferns (fiddlehead ferns): Helechos comestibles

Edible flowers: Flores comestibles

Edible moss: Musgo comestible

Edible mushroom: Seta comestible

Edible plant: Planta comestible

Edible rhizomes: Rizomas comestibles

Edible seaweed: Algas comestibles

Edible tubers: Tubérculos comestibles

Edible weeds: Malezas comestibles

Egg replacers (egg substitutes): Sustitutos del huevo

Eggplant (aubergine): Berenjena

Elder: Saúco

Elderberries: Bayas del saúco

Elderflower: Flor de saúco

Energy drinks: Bebidas energéticas

Environmental vegan: Vegano/a ambiental

Environmental veganism: Veganismo ambiental

Erythritol (sweetener): Eritritol (endulzante)

Escalivada (grilled aubergines and red peppers): Escalivada (berenjenas y pimientos rojos asados)

Escarole (frisée, curly endive): Escarola

Escarole salad: Ensalada de escarola

Espresso: Expreso (café exprés)

Ethical vegan: Vegano/a ético/a

Ethical veganism : Veganismo ético

Eucalyptus: Eucalipto

EVOO (extra virgin olive oil): AOVE (aceite de oliva virgen extra)

Extra virgin olive oil: Aceite de oliva extra virgen

Extract (essence): Extracto (esencia)

F

Fake meat: Falsa carne (carne vegetal)

Falafel (chickpea or fava bean croquette): Falafel (croqueta de garbanzos o habas)

Farofa (toasted manioc flour): Farofa (harina de mandioca sin refinar)

Fat (cooking fat): Grasa

Fennel: Hinojo

Fennel bulb: Bulbo de hinojo

Fennel seeds: Semillas de hinojo

Fenugreek: Fenogreco (alholva)

Ferment (leaven): ermento (levadura)

Fermented soybeans: Soja fermentada

Fern: Helecho

Fibre (fiber): Fibra

Fig: Higo

Filtered water: Agua filtrada

Fine herbs: Finas hierbas

Fish: Pescado

Fish-free sushi: Sushi sin pescado

Five-spice powder: Polvo de cinco especias

Flaky pastry: Masa de hojaldre

Flavoured oil: Aceite aromatizado

Flavouring (flavouring agent): Aromatizante (agente aromatizante)

Flax: Lino

Flaxseed flour (flaxmeal): Harina de linaza

Flaxseed oil: Aceite de lino

Flaxseeds: Semillas de lino (linaza)

Fleshy fruits: Frutos carnosos

Fleur de sel (flaky salt, caviar of salt): Flor de sal

Flexitarian: Flexitariano/a

Flexitarianism: Flexitarianismo

Floret: Florete (cogollo)

Flour (meal): Harina

Flower: Flor

Food (foodstuff): Alimento/s (comida)

Food additive: Aditivo alimentario

Freegan: Frigano/a (freegan)

Freeganism: Friganismo

French beans (green beans, string beans): Judías verdes (judías tiernas, vainas)

French bread: Pan francés (pan de barra, baguette)

Fresh fruit: Fruta fresca

Frisée (escarole, curly endive): Escarola

Frugivore (fruit eater): Frugívoro/a (que se alimenta de frutos)

Frugivorous (fruit-eating): Frutívoro/a

Fruit: Fruta

Fruit and vegetable growing: Hortofruticultura

Fruit cocktail: Cóctel de frutas

Fruit jelly: Gelatina de frutas

Fruit juice: Zumo de frutas

Fruit salad: Ensalada de frutas (macedonia de frutas)

Fruit soup: Sopa de frutas

Fruitarian: Frutariano/a

Fruitarianism: Frugivorismo (frutarianismo)

Fungus (mushroom): Hongo (seta)

G

Garam masala (spice mixture): Garam masala (mezcla de especias)

Garlic: Ajo

Garlic oil: Aceite de ajos

Garlic powder: Ajo en polvo

Garlic sauce: Salsa de ajos (ajada)

Gentian: Genciana

Geranium: Geranio

Gherkin: Pepinillo

Ginger: Jengibre

Gluten: Gluten

Gluten sensitivity: Sensibilidad al gluten

Gluten-free: Sin gluten

Gluten-free bread: Pan sin gluten

Gluten-free flour: Harina sin gluten

Glycerine (glycerol): Glicerina

Gnocchi: Ñoqui

Goji berries (wolfberries): Bayas de goji

Gooseberry: Grosella espinosa (grosella silvestre, uva espina)

Grain (seed): Grano (cereal, semilla)

Grain of rice: Grano de arroz

Gram flour (besan, chickpea flour): Besan (harina de garbanzo)

Grape: Uva

Grape seed oil: Aceite de semillas de uva

Grapefruit: Pomelo (toronja)

Green almond: Almendruco

Green asparagus: Espárragos verdes

Green beans: Vainas (judías tiernas)

Green garlic (wild leek): Ajete

Green juice: Zumo verde

Green olives: Aceitunas verdes

Green peas: Guisantes verdes

Green pepper: Pimienta verde

Green salad: Ensalada verde

Green soybeans: Soja verde

Green sweet pepper: Pimiento verde

Green vegetables: Verduras verdes (hortalizas)

Green walnuts: Nueces verdes

Greenhouse (hothouse): Invernadero (invernáculo)

Grey knight (dirty tricholoma): Negrillas (fredolics)

Ground chili: Ají molido

Ground cloves: Clavo molido

Ground garlic: Ajo molido

Guacamole (avocado paste): Guacamole (puré de aguacate)

Guava: Guayaba

H

Hazelnut (filbert) Avellana

Healthy food: Comida sana

Healthy fats: Grasas saludables

Hemp: Cáñamo

Hemp hearts (hemp seeds): Corazones de cáñamo (semillas de cáñamo)

Hemp milk: Leche de cáñamo

Hemp protein powder: Proteína de cáñamo en polvo

Hemp seeds: Semillas de cáñamo

Herb: Hierba

Herb oil: Aceite de hierbas

Herb salad: Ensalada de hierbas

Herbal: Herbario/a (hecho de hierbas)

Herbal spices: Especias herbales

Herbal tea: Infusión de hierbas

Herbalist: Herbolario/a

Herbalist's (herbalist's shop): Herboristería

Herbarium: Herbario (colección de hierbas)

Herbivorous (herbivore): Herbívoro/a

Heura: Heura

Hibiscus: Hibisco

Hibiscus flower: Flor de hibisco

Himalayan black salt (Kala namak): Sal negra del Himalaya (sal kala namak)

Himalayan pink salt: Sal rosa del Himalaya

Himalayan salt: Sal del Himalaya

Honeydew melon: Melón verde (casaba)

Hoisin sauce (Chinese sauce with soy, garlic, vinegar, chili and sweetener): Salsa hoisin (salsa china que lleva soja, ajo, vinagre, chile y endulzante)

Hop: Lúpulo

Horned melon (kiwano): Pepino cornudo (pepino silvestre, kiwano)

Horseradish: Rábano picante (rábano silvestre, rabanillo, raifort)

Horsetail: Cola de caballo (equiseto)

Horticulture (gardening, vegetable farming): Horticultura

Hummus (mashed chickpea cream): Hummus (crema de puré de garbanzos)

I

Ice plant (ice lettuce, sea fig, ficoïde glaciale): Ficoide glacial (hierba helada, hierba escarchada)

Iceberg lettuce (crisphead lettuce): Lechuga iceberg

Icing sugar (powdered sugar): Azúcar glas (azúcar flor, azúcar lustre)

Infusion (brew, herbal tea): Infusión

Iodine: Yodo

Iron: Hierro

Italian herbs: Hierbas italianas

Ivy: Hiedra (yedra)

J

Jackfruit: Yaca (panapén)

Jalapeño pepper: Jalapeño (chile jalapeño)

Jam (marmalade): Mermelada (confitura)

Jasmine: Jazmín

Jerusalem artichoke (topinambour): Alcachofa de Jerusalén (tupinambo, pataca)

Juice: Zumo (jugo)

Julienne (julienned): Juliana (cortado en juliana)

Julienne soup: Sopa juliana

Julienned vegetables: Juliana de verduras

Juniper: Enebro

K

Kaki (persimmon): Caqui (palosanto)

Kala namak (Himalayan black salt): Kala namak (sal negra del Himalaya)

Kale: Col verde

Ketchup (catsup) : Kétchup

Kimchi (Korean fermented cabbage): Kimchi (col fermentada coreana)

Kiwano (horned melon): Kiwano (pepino cornudo)

Kiwifruit (kiwi): Kiwi

Kohlrabi (turnip-cabbage): Colinabo (colirrábano, nabicol)

Kombu seaweed: Alga kombu

Kombucha (tea mushroom, Manchurian mushroom): Kombucha (hongo de té, hongo manchuriano)

Konjac noodles: Fideos de konjac

Kudzu (Japanese arrowroot, Chinese arrowroot): Kuzu (kudzu, arrurruz japonés, arrurruz chino)

Kumato (black tomato): Kumato (tomate negro)

Kumquat (Chinese tangerine): Kumquat (naranja enana, mandarina china, quinoto)

L

Lactose-free: Sin lactosa

Lacto-vegetarian (lactarian): Lactovegetariano/a

Lacto-vegetarianism: Lactovegetarianismo

Lamb's lettuce (corn salad, mâche): Canónigos (hierba de los canónigos, milamores)

Lavender: Lavanda (espliego)

Leaf: Hoja

Leaf salad: Ensalada de hojas

Leaf vegetables (leafy greens): Verduras de hoja

Leavener (leavening agent): Leudante (agente leudante)

Leavening flour (self-rising flour): Harina leudante

Lecite (soy lecithin powder): Lecite (lecitina de soja en polvo)

Leek: Puerro

Leek stalk: Tallo de puerro

Legumes (pulses): Legumbres

Lemon: Limón

Lemon balm (sweet balm): Melisa (toronjil, hoja de limón)

Lemon grass: Hierba limón (limoncillo, citronela, lemon grass)

Lemon sauce: Salsa de limón

Lemon thyme (citrus thyme): Tomillo limonero (tomillo limón)

Lemon verbena: Hierba luisa (cedrón, verbena de Indias)

Lentil: Lenteja

Lentil salad: Ensalada de lentejas

Lettuce: Lechuga

Lettuce heart: Cogollo

Levels of veganism: Niveles de veganismo

Lichen: Liquen

Lily: Lirio

Lime: Lima

Linden (linden blossom, lime blossom): Tila

Linden blossom tea (tilleul tea): Infusión de tila

Linseed (flaxseed): Linaza (semilla de lino)

Liquid aminos (liquid amino acids): Aminoácidos líquidos

Liquid smoke: Humo líquido

Liquorice (licorice): Regaliz (regaliza, palodulce, orozuz)

Liquorice root stick: Palo de regaliz

Lollo rosso (red lollo lettuce): Lollo rosso (lollo rojo)

Lollo verde (green lollo lettuce): Lollo verde

Lotus: Loto

Lovage: Levístico (apio de monte)

Lychee (litchi): Litchi (lichi)

M

Macadamia nut: Nuez de macadamia

Macaroni: Macarrones

Macedonian fruit salad: Macedonia de frutas

Mâche (lamb's lettuce, corn salad): Canónigos (hierba de los canónigos, milamores)

Macrobiotic diet: Dieta macrobiótica

Macrobiotics: Macrobiótica

Magnessium: Magnesio

Magnolia: Magnolia

Malanga (taro, arum root): Malanga (taro, tubérculo de la malanga)

Mallow: Malva

Malt (germinated and toasted barley): Malta (cebada germinada y tostada)

Mammee (mamey apple): Mamey

Manganese: Manganeso

Mangetout (sugar peas, snow peas): Tirabeques

Mango: Mango

Maple: Arce

Maple syrup: Sirope de arce (jarabe de arce, miel de arce)

Maracuja (passion fruit): Maracuyá (fruta de la pasión)

Margarine: Margarina

Marigold: Caléndula

Marijuana (weed): Marihuana (hierba, maría)

Marinade (seasoning): Adobo

Marjoram: Mejorana

Marmite (yeast spread): Marmite (pasta de levadura para untar)

Marshmallow: Malvavisco

Masala (spice mixture) : Masala (mezcla de especias)

Matcha tea: Té matcha

Matsutake (pine mushroom): Matsutake (hongo pino)

Meat: Carne

Meat analogue (meat substitute): Sucedáneo de carne (sustituto de la carne)

Medlar (loquat): Níspero

Melon: Melón

Mesclun salad: Ensalada mézclum

Micro vegetables: Microvegetales

Microalgae (microphytes): Microalgas

Microgreens: Microgreens (germinados)

Micronutrient: Micronutriente

Milkcap mushroom: Níscalo (mízcalo, robellón)

Milkshake (shake, smoothie): Batido (smoothie)

Millet: Mijo (millo)

Mineral salts: Sales minerales

Minerals: Minerales

Mint (peppermint, spearmint): Menta (hierbabuena)

Mint leaves: Hojas de menta

Mint sauce: Salsa de menta

Mirabelle (yellow plum): Mirabel (ciruela amarilla)

Miso (soybean paste): Miso (pasta de soja)

Miso paste: Pasta de miso

Miso sauce: Salsa de miso

Mixed nuts and dried fruits: Surtido de frutos secos (músico)

Monk fruit (natural sweetener): Fruta del monje (edulcorante natural)

Morel (morel mushroom): Colmenilla (múrgula, morilla, cagarria)

Moss: Musgo

Muesli (cereals, nuts and dried fruits): Muesli (cereales, frutos secos y frutas deshidratadas)

Mugwort: Artemisa

Mulberry: Mora

Mung bean (moong bean): Poroto chino (poroto mung, soja verde)

Muscovado sugar: Azúcar mascabado (azúcar moscovado)

Mushroom: Seta (hongo)

Mushroom caps: Sombreros de setas

Mushroom salad: Ensalada de setas

Mustard: Mostaza

Mustard sauce: Salsa de mostaza

Mustard powder: Mostaza en polvo

Mycoprotein: Micoproteína

Myrtle: Mirto

N

Nasturtium: Capuchina

Natto (fermented soy product): Natto (alimento hecho con soja fermentada)

Natural sweetener: Edulcorante natural (endulzante natural)

Nectar: Néctar

Nectarine: Nectarina

Nettle: Ortiga

Non-hydrogenated margarine: Margarina no hidrogenada

Noodles: Fideos

Nori seaweed: Alga nori

Nut bread: Pan de nueces

Nut butter: Mantequilla de frutos secos

Nut milk: Leche de nueces

Nutmeg: Nuez moscada

Nutritional yeast: Levadura nutricional

O

Oak leaf (oakleaf lettuce): Hoja de roble

Oat milk: Leche de avena

Oats: Avena

Oil: Aceite

Oil seeds: Semillas oleaginosas

Okara (soy pulp, tofu dregs): Okara (pulpa de soja)

Okra (ochro, gumbo, ladies' fingers): Okra (gombo, quimbombó, angú)

Old Bay seasoning: Aderezo Old Bay

Olivada (tapenade, black olive spread): Olivada (paté de olivas negras)

Olive: Oliva (aceituna)

Olive oil: Aceite de oliva

Olive sauce: Salsa de aceitunas

Omega-3 fatty acids: Ácidos grasos Omega-3

Omega-3 rich foods: Alimentos ricos en Omega-3

Omnivorous (omnivore): Omnívoro/a

Onion: Cebolla

Onion sauce: Salsa de cebolla

Onion soup: Sopa de cebolla

Orange: Naranja

Orange blossom: Azahar (flor de azahar)

Orange sauce: Salsa de naranja

Oregano (wild marjoram): Orégano

Oregano leaves: Hojas de orégano

Organic food: Alimento ecológico (comida ecológica)

Organic quinoa: Quinoa ecológica

Organic vegetables: Verduras ecológicas

Organically-grown foods: Alimentos de cultivo biológico

Orgeat (almond milk, tigernut milk): Horchata

Ostrovegan: Ostrovegano/a

Ostroveganism (bivalveganism): Ostroveganismo (bivalveganismo)

Ovo-lacto vegetarian: Ovolactovegetariano/a

Ovo-lacto vegetarianism: Ovolactovegetarianismo

Oyster mushrooms: Setas de ostra (gírgolas)

P

Pak choi (bok choy, Chinese cabbage): Pak choi (bok choy, col china)

Palm heart: Palmito

Palm kernel: Palmiste

Palm oil: Aceite de palma

Panela (unrefined whole cane sugar): Panela (azúcar de caña sin refinar)

Panko (Japanese breadcrumbs): Panko (pan rallado japonés)

Pansy (pansy flower): Pensamiento (flor de pensamiento)

Papaya: Papaya

Paprika: Paprika (pimentón)

Paprika powder: Pimentón en polvo

Parsley: Perejil

Parsnip: Chirivía (pastinaca, apio de campo)

Passion fruit: Fruta de la pasión (maracuyá, parchita)

Pasta: Pasta (espaguetis, macarrones...)

Pasta salad: Ensalada de pasta

Pea (green pea): Guisante (arveja, chícharo)

Pea protein: Proteína de guisante

Peach: Melocotón (durazno)

Peanut: Cacahuete (maní)

Peanut butter: Mantequilla de cacahuete (crema de maní)

Peanut oil: Aceite de cacahuete (aceite de maní)

Pear: Pera

Pearl onions: Cebollitas perla

Pecan: Pacana

Pecan nut: Nuez pecana

Peel (zest, shell): Monda (mondadura, cáscara)

Pennyroyal: Poleo

Pennyroyal tea: Infusión de poleo

Pepper (bell-pepper, capsicum): Pimiento

Pepper (spice): Pimienta

Pepperwort (garden cress): Mastuerzo

Persimmon (kaki): Palosanto (caqui)

Pescatarianism (pescetarianism): Pescatarianismo (pescetarianismo)

Pescetarian: Pescetariano/a

Pescetarian diet: Dieta pescetariana

Phytonutrients: Fitonutrientes

Phytoplankton: Fitoplancton

Pickled gherkins: Pepinillos encurtidos (pepinillos en vinagre)

Pickles: Encurtidos

Pine nut (pine kernel): Piñón

Pineapple: Piña (ananás)

Pink grapefruit: Pomelo rosa

Pink pepper (pink berries): Pimienta rosa (bayas rosas)

Pink salt: Sal rosa (sal rosada)

Pink tomato: Tomate rosa (tomate rosado)

Pip (seed): Pipa (pepita, semilla)

Pistachio: Pistacho

Pistachio butter: Mantequilla de pistachos

Pisto (deep-fried diced vegetables): Pisto (fritada de verduras)

Pitaya (pitahaya, dragon fruit): Pitaya (pitahaya, fruta del dragón)

Pitta (pita bread, Arabic bread): Pita (pan de pita, pan árabe)

Pitted olives: Aceitunas deshuesadas (aceitunas sin hueso)

Plankton: Plancton

Plant: Planta

Plantain: Plátano macho

Plant-based: De origen vegetal

Plant-based alternatives: Alternativas vegetales

Plant-based drink (vegetable milk): Bebida vegetal

Plant-based foods: Alimentos vegetales

Plant-based meat: Carne vegetal

Plant-based protein: Proteína vegetal

Plant-derived albumin: Albúmina vegetale

Plum: Ciruela

Pod (husk, shell): Vaina

Poivrade sauce (peppercorn sauce): Salsa de pimienta

Polenta (cornmeal): Polenta (gachas de harina de maíz)

Pollen: Polen

Pollotarian (pollo-vegetarian): Pollotariano/a

Pollotarianism: Pollotarianismo

Pomegranate: Granada

Pomegranate seeds: Semillas de granada

Popcorn: Palomitas de maíz (cotufas)

Poppy: Amapola (adormidera)

Poppy petals: Pétalos de amapola

Poppy seeds: Semillas de amapola

Portobello mushroom: Champiñón portobello

Portobello mushroom Burger: Hamburguesa de champiñones portobello

Potassium: Potasio

Potassium bitartrate (cream of tartar): Bitartrato de potasio (cremor tártaro)

Potato: Patata (papa)

Potato salad: Ensalada de patatas

Potato starch: Fécula de patata

Prickly pear: Higo chumbo (tuna, nopal)

Probiotic foods: Alimentos probióticos

Protein: Proteína

Protein bar: Barrita de proteínas (barrita proteica)

Protein powder: Proteína en polvo

Prune (dried plum): Ciruela pasa

Pulp (flesh of the fruit): Pulpa (carne de la fruta)

Pulse (legume): Legumbre

Pulse flour: Harina de legumbres

Pulse salad: Ensalada de legumbres

Pumpkin (squash, gourd): Calabaza (zapallo, ayote)

Pumpkin seed butter: Mantequilla de semillas de calabaza

Pumpkin seeds: Semillas de calabaza (pipas de calabaza)

Purée: Puré

Purple cabbage (red cabbage): Lombarda (col lombarda)

Purple cauliflower: Coliflor morada

Purslane: Verdolaga

Puy lentils (French green lentils): Lentejas de Puy (lentejas verdes de Puy)

Q

Quince: Membrillo

Quince cheese (quince paste, quince jelly): Dulce de membrillo (membrillate, codoñate, carne de membrillo)

Quinoa: Quinoa (quinua)

Quinoa salad: Ensalada de quinoa

Quorn (meat substitute): Quorn (sustituto de la carne)

R

Radicchio (red chicory): Radicchio (achicoria roja)

Radish: Rábano

Rainbow chard: Acelgas de colores

Raisin: Pasa (uva pasa)

Rampion: Rapónchigo (ruiponce)

Rape (rapeseed, colza): Aceite de colza

Rapeseed oil (colza oil): Aceite de colza

Raspberry: Frambuesa

Raw foodism (raw food diet): Crudismo (alimentación crudista)

Raw sugar (unrefined sugar): Rapadura (azúcar sin refinar)

Raw vegan: Crudivegano/a

Raw vegan diet: Dieta crudivegana

Raw veganism: Crudiveganismo

Raw vegetables: Hortalizas crudas

Rawmesan: Rawmesan (sustituto del queso parmesano)

Rawnie (raw vegan brownie): Rawnie (brownie crudo)

Red bean (red kidney bean, pinto bean): Alubia roja (judía pinta)

Red beet (beetroot): Remolacha roja (betabel)

Red cabbage (red kraut, purple cabbage): Col roja (col lombarda, col morada, repollo morado)

Red chicory (radicchio): Achicoria roja (radicchio)

Red coral lettuce (lollo rosso): Lechuga de hoja roja (lollo rosso)

Red fruits: Frutos rojos

Red kidney beans: Habichuelas rojas (frijoles rojos)

Red lentils: Lentejas rojas

Red onion: Cebolla morada

Red plum: Ciruela roja

Red sweet pepper (red bell pepper): Pimiento rojo

Red Swiss chard: Acelga roja

Redcurrant : Grosella roja

Replacer (substitute): Sustituto

Rhizome: Rizoma

Rhubarb: Ruibarbo

Rice: Arroz

Rice milk: Leche de arroz (bebida de arroz)

Rice milk yogurt: Yogur de leche de arroz

Rice paper: Papel de arroz

Rice salad: Ensalada de arroz

Rice syrup: Sirope de arroz (jarabe de arroz)

Rice vinegar: Vinagre de arroz

Riceless risotto: Risotto sin arroz

Ripe fruit: Fruta madura

Rocket salad (arugula): Rúcula

Romaine lettuce (cos lettuce): Lechuga romana (cos)

Romanesco broccoli (Roman cauliflower): Romanescu (brécol romanesco)

Root vegetables: Raíces alimenticias (verduras de raíz)

Rosemary: Romero

Round courgette (globe squash): Zapallito (calabacín redondo)

Round loaf (peasant bread): Pan de payés

Rutabaga (swede): Rutabaga (naba, nabicol)

Rye: Centeno

Rye bread: Pan de centeno

S

Safflower: Cártamo (alazor)

Safflower oil: Aceite de cártamo

Saffron oil: Aceite de azafrán

Saffron thread: Hebra de azafrán

Sage: Salvia

Salad: Ensalada

Salad dressing: Aderezo para ensaladas

Salad mesclun: Mesclun de ensaladas

Salicornia (samphire, sea beans, saltwort, glasswort, chicken feet): Salicornia (espárrago de mar, hierba salada)

Salsify: Salsifí

Salt: Sal

Salt-free pistachios: Pistachos sin sal

Samfaina (fried peppers, onions, aubergines and tomatoes): Samfaina (chanfaina, fritura de pimientos, cebollas, berenjenas y tomates)

Sandwich: Bocadillo (sándwich)

Sandwich loaf: Pan de molde (pan inglés)

Sassafras: Sasafrás

Saturn peach (donut peach, flat peach): Paraguayo (paraguaya, durazno japonés)

Sauce: Salsa

Sauerkraut (pickled cabbage): Chucruta (col fermentada, choucroute)

Savory (summer savory): Ajedrea

Scarlet runner beans: Judía escarlata (judía pinta)

Sea salt: Sal marina

Seasonal fruit: Fruta del tiempo

Seasonal vegetables: Verduras de temporada

Seaweed: Alga (alga marina)

Seaweed burger (weedburger): Hamburguesa de algas

Seed: Semilla

Seitan (wheat gluten): Seitán (gluten de trigo)

Seitan hamburger: Hamburguesa de seitán

Selenium: Selenio

Semi-vegetarianism (pescetarianism): Semivegetarianismo (pescatarianismo, pollotarianismo)

Semolina: Sémola

Sesame: Sésamo (ajonjolí)

Sesame flour: Harina de sésamo

Sesame oil: Aceite de sésamo

Sesame paste (tahini): Pasta de sésamo (tahini)

Sesame sauce: Salsa de sésamo

Sesame seeds: Semillas de sésamo (granos de sésamo)

Seville orange (sour orange, bigarade orange): Naranja amarga (naranja agria, naranja de Sevilla, naranja bigarade)

Seville orange marmalade: Mermelada de naranja amarga

Shallot: Chalota (escalonia, echalote, carlota, escaloña)

Shiitake (Japanese mushroom): Shiitake (seta japonesa)

Shoot (sprout): Retoño (brote)

Shortening (vegetable oil): Manteca vegetal

Skin (peel, rind): Piel (cascara, hollejo)

Sliced coconut: Coco laminado

Sloe: Endrina

Small green verdina beans: Verdinas (alubias verdinas, habinas verdinas)

Smoked paprika: Pimentón ahumado

Sorrel: Acedera

Soup: Sopa

Sour cherry (morello cherry): Guinda

Sourdough: Masa fermentada

Soy (soya, soybean): Soja (soya)

Soy lecithin: Lecitina de soja

Soy meat: Carne de soja

Soy milk: Leche de soja

Soy protein: Proteína de soja

Soya salad: Ensalada de soja

Soya sauce (soy sauce): Salsa de soja (salsa de soya)

Spaghetti: Espaguetis

Spearmint (mint): Hierbabuena (yerbabuena, sándalo, menta)

Spelt: Espelta

Spelt flour: Harina de espelta

Spice : Especia

Spice bread: Pan de especias

Spice mix (spice blend): Mezcla de especias

Spiced oil: Aceite de especias (aceite especiado)

Spinach: Espinacas

Spirit (grain alcohol, eau-de-vie, firewater): Aguardiente

Spirulina (dietary supplement): Espirulina (suplemento dietético)

Sprig of parsley: Ramita de perejil

Spring onion (scallion, green onion): Cebolleta

Sprout (shoot, bud): Brote (retoño)

Sprouts: Germinados (brotes)

Squash (pumpkin, courgette): Calabaza (calabacín)

St. George's mushrooms (springtime mushrooms): Setas de San Jorge (setas de primavera, zizas, perrechicos)

Stalk (stem): Tallo (de verduras)

Star anise: Anís estrellado

Star fruit (carambola: Fruta de estrella (carambola)

Starch: Almidón (fécula)

Stevia (sweetener): Stevia (estevia, edulcorante)

Stone fruits: Frutas de hueso (frutas de carozo)

Strawberry: Fresa (fresón, frutilla)

Strawberry jam: Mermelada de fresa

Strict vegetarian: Vegetariano/a estricto/a

Strict vegetarianism: Vegetarianismo estricto

String beans (green beans): Judías verdes (habichuelas)

Substitute (replacer): Sustituto

Sugar: Azúcar

Sugar peas (snow peas, mangetout): Guisantes mollares (tirabeques)

Sugar substitute: Sustituto del azúcar

Sultana (golden raisin): Pasa de Esmirna (pasa sultana)

Sumac: Zumaque

Sunflower: Girasol

Sunflower oil: Aceite de girasol

Sunflower seeds: Semillas de girasol (pipas de girasol)

Superfood: Superalimento

Sushi rice: Arroz para sushi

Swede (rutabaga): Nabicol (rutabaga, nabo sueco)

Sweet fruits: Frutas dulces

Sweet pepper: Pimiento dulce

Sweet pepper (bell pepper): Morrón (pimiento morrón)

Sweet potato: Boniato (batata, moniato)

Sweet-and-sour sauce: Salsa agridulce

Sweetbread mushrooms: Mucerones (mojardones)

Sweetcorn (sweet corn): Maíz dulce

Sweetener: Edulcorante (endulzante)

Swiss chard (chard, silver beet): Acelga

Swiss chard ribs (Swiss chard stalks): Pencas de acelga (tallos de acelga)

Syrup: Almíbar (jarabe)

T

Tahini (tahina, ardeh, paste made from sesame seeds): Tahini (tahina, pasta de semillas de sésamo)

Tamarind: Tamarindo

Tandoori masala (spice mixture): Tandoori masala (mezcla de especias)

Tangerine (mandarin orange): Mandarina

Tapioca: Tapioca (mandioca)

Tapioca starch: Fécula de tapioca (fécula de mandioca)

Taro: Taro (malanga)

Tarragon: Estragón

Tatties (taters, potatoes): Papas (patatas)

Tea: Té

Tea mushroom (Manchurian mushroom, kombucha): Hongo de té (hongo manchuriano, kombucha)

Tempeh (fermented soybean product): Tempeh (producto hecho con soja fermentada)

Textured soy: Soja texturizada

Textured vegetable protein (TVP, textured soy protein, soy meat): Proteína vegetal texturizada (PVT, proteína de soja)

The Vegan Society: The Vegan Society (organización que promueve el veganismo)

Thistle (cardoon): Cardo

Thyme: Tomillo

Thyme soup: Sopa de tomillo

Tigernut: Chufa

Tigernut orgeat (tigernut milk): Horchata de chufa

Tisane (infusion, herb tea): Tisana

Toasted bread: Pan tostado

Tofu (bean curd): Tofu (cuajada de soja)

Tofu soup: Sopa de tofu

Tomatillo (Mexican husk tomato): Tomatillo (miltomate, tomate verde, tomate de cáscara)

Tomato: Tomate

Tomato purée: Puré de tomate

Tomato salad: Ensalada de tomate

Tomato sauce: Salsa de tomate

Topinambour (Jerusalem artichoke): Tupinambo (alcachofa de Jerusalem, aguaturma, pataca)

Tortilla (corn pancake): Tortilla (tortita hecha con harina de maíz)

Trace elements (trace minerals): Oligoelementos (elementos traza)

Traditional yeast (active dry yeast): Levadura tradicional

Trocadero lettuce: Lechuga trocadero

Tropical fruits: Frutas tropicales

Truffle (tuber melanosporum): Trufa (tuber melanosporum)

Truffle sauce: Salsa de trufas

Tuber   : Tubérculo

Tuber melanosporum (black truffle, Périgord truffle): Tuber melanosporum (trufa negra, trufa de Périgord)

Turmeric: Cúrcuma

Turnip: Nabo

Turnip greens: Grelos

U

Ugly food (movement to market imperfect fruits and vegetables): Ugly food (movimiento para aprovechar frutas y verduras con mal aspecto)

Ume dressing (umeboshi): Aliño japonés de ciruela ume

Unpitted olives: Aceitunas con hueso

Unrefined sugar: Azúcar sin refinar

V

Valerian: Valeriana

Vanilla: Vainilla

Vanilla essence: Esencia de vainilla

Vanilla extract: Extracto de vainilla

Vegan (strict vegetarian): Vegano/a (vegetariano/a estricto/a)

Vegan biscuits (vegan cookies): Galletas veganas

Vegan bread: Pan vegano

Vegan burger: Hamburguesa vegana

Vegan butter: Mantequilla vegana

Vegan cheese: Queso vegano

Vegan chocolate: Chocolate vegano

Vegan chocolate mousse: Mousse de chocolate vegano

Vegan condiments: Condimentos veganos

Vegan crepe: Crep vegana

Vegan diet: Dieta vegana (dieta vegetariana estricta)

Vegan dietitian: Dietista vegano/a

Vegan escalope: Escalope vegano

Vegan friendly (veg-friendly, VF): Apto vegano (apto para veganos, APV)

Vegan friendly product (VF product): Producto apto para veganos (producto APV)

Vegan beer: Cerveza vegana (cerveza apta para veganos)

Vegan diet: Dieta vegana (alimentación vegana)

Vegan food: Comida vegana

Vegan gelatin (vegan jelly): Gelatina vegana

Vegan gnocchi: Ñoquis veganos

Vegan ice cream: Helado vegano

Vegan lifestyle: Estilo de vida vegano

Vegan mayonnaise (egg-free mayonnaise): Veganesa (mayonesa vegana, mayonesa sin huevo, lactonesa)

Vegan milk: Leche vegana

Vegan parmesan (rawmesan): Parmesano vegano (rawmesan)

Vegan pesto: Pesto vegano

Vegan protein: Proteína vegana

Vegan protein sources: Fuentes de proteínas veganas

Vegan recipes: Recetas veganas

Vegan restaurant : Restaurante vegano

Vegan salad: Ensalada vegana

Vegan sandwich: Bocadillo vegano (sándwich vegano)

Vegan seasonings: Sazonadores veganos

Vegan smoothie: Batido vegano

Vegan spices: Especias veganas

Vegan superfood: Superalimento vegano

Vegan tripe (mushrooms with chickpeas): Callos veganos (setas con garbanzos)

Vegan vitamin D: Vitamina D vegana

Vegan wine : Vino vegano

Vegan yogurt: Ñogur vegano

Veganic farming (vegan organic farming): Agricultura vegánica

Veganic permaculture (plant-based permaculture): Permacultura vegánica

Veganics (vegan and organic): Vegánico (vegano y orgánico)

Vegan-ish: Flexitariano/a (vegano/a tramposo)

Veganism: Veganismo

Veganuary: Enero vegano

Vegetable: Vegetal (verdura)

Vegetable (green vegetable): Hortaliza

Vegetable broth: Caldo de verduras

Vegetable fat: Grasa vegetal

Vegetable fibre: Fibra vegetal

Vegetable macedonia (diced vegetable salad): Macedonia de verduras

Vegetable margarine (vegan margarine): Margarina vegetal (margarina vegana)

Vegetable milk: Leche vegetal (bebida vegetal)

Vegetable oil: Aceite vegetal

Vegetable origin (plant origin, plant-based): Origen vegetal

Vegetable panaché (mixed vegetables): Panaché de verduras

Vegetable protein (plant-based protein): Proteína vegetal

Vegetable purée: Puré de verduras

Vegetable salad: Ensalada de verduras

Vegetable soup: Sopa de verduras

Vegetable spaghetti (veggie noodles): Espaguetis vegetales

Vegetable stock cube: Pastilla de caldo de verduras

Vegetables (veggies, greens): Verdura/s

Vegetarian: Vegetariano/a

Vegetarian cannelloni: Canelones vegetarianos

Vegetarian diet: Alimentación vegetariana (régimen vegetariano)

Vegetarian meat (plant-based meat): Carne vegetal

Vegetarian mince: Carne picada vegetal

Vegetarian restaurant: Restaurante vegetariano

Vegetarian sandwich: Sándwich vegetal

Vegetarian sausage: Salchicha vegetariana

Vegetarianism: Vegetarianismo

Veggie (vegetable): Verdura (vegetal)

Veggie (vegetarian): Vegetariano/a

Veggie burger (vegeburger): Hamburguesa vegetal (hamburguesa vegetariana)

Veggie noodles: Fideos de vegetales

Vinegar: Vinagre

Violet: Violeta

Violet potato (purple potato, vitelotte): Patata violeta (vitelotte)

Virgin olive oil: Aceite de oliva virgen

Vitamin: Vitamina

Vitamin B12: Vitamina B12

Vitelotte (violet potato): Vitelotte (patata violeta)

W

Wakame (edible seaweed): Wakame (alga comestible)

Walnut: Nuez

Walnut sauce: Salsa de nueces

Wasabi (Japanese horseradish/condiment): Wasabi (rábano japonés/condimento)

Water: Agua

Watercress (cress): Berro

Watermelon: Sandía

Wax beans: Judías mantequeras (judías de cera)

Wheat: Trigo

Wheat bread: Pan de trigo

Wheat flour: Harina de trigo

Wheat germ: Germen de trigo

Wheat germ oil: Aceite de germen de trigo

Wheat gluten: Gluten de trigo

White asparagus: Espárragos blancos

White beans (haricot beans): Judías blancas (alubias, frijoles blancos, pochas)

White cabbage: Repollo (col repollo, repollo blanco)

White cauliflower: Coliflor blanca

White lupin (field lupine): Altramuz (chocho, lupino)

White pepper: Pimienta blanca

White truffle: Trufa blanca

White turnip: Nabo blanco

Whole grain oats: Avena integral

Whole grains (wholemeal cereals): Cereales integrales

Wholefood shop (wholefood store): Herbodietética

Wholegrain rice (brown rice): Arroz integral (arroz moreno)

Wholemeal bread (whole wheat bread): Pan integral (pan de grano completo)

Wholemeal flour: Harina integral

Wild asparagus: Espárragos trigueros (espárragos silvestres)

Wild fennel: Hinojo silvestre

Wild flowers: Flores silvestres

Wild fruits: Frutos del bosque

Wild garlic: Ajo silvestre

Wild leek: Puerro silvestre (ajipuerro, ajete)

Wild mushrooms: Setas silvestres

Wild radish: Rabanillo

Wild rice: Arroz salvaje

Wild rose (rose hip): Escaramujo (rosa mosqueta, tapaculos)

Wild thyme: Tomillo silvestre (serpol)

Wine: Vino

X

Xanthan gum: Xantana (goma xantana, xantano)

Y

Yam: Ñame

Yeast: Levadura

Yellow foot mushroom (camagroc): Trompeta amarilla (angula de monte, camagroc)

Yellow plum: Ciruela amarilla

Yogurt (yogurt, yoghourt): Yogur (yogurt)

Young garlic (green garlic, garlic shoots): Ajos tiernos (ajetes)

Yucca: Yuca

Z

Zero km food: Alimentos de kilómetro cero

Zinc: Zinc (cinc)

Zoodles (zucchini noodles): Zoodles (fideos de calabacín)

Zucchini (courgette, squash): Calabacín (zapallito)

Zucchini flowers (squash blossoms): Flores de calabacín

Zucchini noodles (zoodles): Fideos de calabacín

www.ingramcontent.com/pod-product-compliance
Lightning Source LLC
Chambersburg PA
CBHW061053250726
48653CB00001B/375